Arístides González

Evita ser una víctima más

DELINCUENCIA COMÚN

¡ENTRÉNATE!

Evita ser una víctima más
Delincuencia común

Diseño gráfico, montaje digital de tripa y portada,
coordinación editorial: Iván Márquez Negretti para Editorial Punto, C.A.
vanmarquez48@gmail.com

Corrección de textos: Olimpia A. González Hernández
OlyGonH@gmail.com

Fotografías de portada y contraportada: Ignacio González Hernández
ignagonzalez@yahoo.com

Impresión :

Índice

Introducción

La falta de precaución, y el descuido con que se mueven las personas en su rutina diaria en la calle, no es perceptible a la vista de todos. Así que, el trabajo de quienes somos expertos en la prevención del crimen, es lograr que las personas aprendan a observar lo que solo nosotros, los policías y los delincuentes, podemos observar.

El mostrarse descuidado y débil, ante los ojos del delincuente que observa y reconoce a distancia la falta de alerta temprana de sus posibles víctimas, es lo que conforma el atractivo y la receta principal de un blanco fácil o, como la mencionaremos en este libro, víctima voluntaria. Cabe destacar que el no prepararse en materia de prevención del crimen, te convierte en víctima voluntaria tolerando y facilitándole el trabajo a los delincuentes.

¿Qué hace a una persona más vulnerable que otra ante los ojos de un delincuente? ¿Se puede reconocer a un delincuente por medio de sus posturas o lenguaje corporal? ¿Cómo se manifiesta la intuición o el sexto sentido cuando hay peligro? ¿Cómo influye el factor distancia en la seguridad preventiva? ¿Cómo el sentido de la vista, por medio de la observación, es esencial para la prevención del crimen? ¿Cuál es la importancia del subconsciente y cómo lo reprogramamos para acciones de respuesta en peligro? ¿Cómo trabaja y cómo nos favorece el instinto de Pelea o Huye (fight or Flight)? ¿Cómo controlar y utilizar el despliegue de la adrenalina en función de la protección, defensa y prevención del crimen?

Este libro, el cual he dividido en tres partes, te ayudará a descubrir y darle respuesta a todas y cada una de esas interrogantes a medida que irás desarrollando tu Instinto de Defensa. El material que aquí se presenta es una compilación de experiencias de calle, vivencias como agente policial, estudios de criminología, análisis en el área de seguridad y criminalidad y ejercicios prácticos, lo que te dará las herramientas principales, y algunas estrategias, para minimizar la oportunidad de ***ser una víctima más*** de la delincuencia común.

Por lo tanto, mi objetivo es transmitirte y enseñarte algunas técnicas de prevención, enfocadas a la detección temprana y evasión de amenazas, las cuales, sin duda alguna, te van a elevar y a poner a tono con tu seguridad personal y la de tus seres queridos.

No basta con el encierro o "toque de queda" antes que caiga la noche; no basta con negarse a salidas o visitas sociales y por supuesto, que no basta con tratar de establecer una mente positiva para cancelar los malos pensamientos.

No prepararse en el tema de la prevención del crimen es, en gran parte, dejar todo en manos de la suerte; así que siempre requerirás tener buena suerte; mientras que el delincuente solo requerirá de una suerte para hacerte su víctima.

El despavorido miedo y casi fobia (miedo irracional) que se le tiene a la delincuencia, y el pensamiento absurdo de que nada se puede hacer al respecto para evitar ser una víctima de ellos, surgen como resultado de las creencias que han sido aceptadas en la mente subconsciente como cierto. Así que para ser efectivos en la prevención, y romper con los tabúes, es necesario aprender a reprogramar la mente subconsciente.

Para aquellos que dicen estar estresados y paranoicos con los temas de seguridad, las técnicas, estrategias y ejercicios que aquí se presentan, les enseñarán a estar alertas – en sintonía– con su instinto de defensa, pero relajados. Para aquellos que dicen preferir no pensar en lo negativo (delincuencia) y evitar atraerla como una especie de ley de la atracción, aquí aprenderán a estar relajados pero alertas. Y para aquellos que ya están mentalizados y habituados a la seguridad, como mecanismo primordial de prevención y defensa, sin llegar a los extremos de "paranoia o negación de la realidad", éstas técnicas les ayudarán a avanzar en su condición instintiva de seguridad y respuesta temprana ante las amenazas de la delincuencia común.

Solo como aclaratoria. Aquí no abordaremos el tema de la policía como órgano de seguridad. Soy fiel creyente de que la seguridad personal no se le delega a nadie. El tema de la seguridad es algo que nos atañe a todos de forma individual y colectiva, por ello he trabajado y presento este material de Adiestramiento y Prevención para brindar las herramientas necesarias al ciudadano común y así lograr influir de forma positiva en las listas de victimización.

Este libro, con sus tres partes, es de fácil lectura y está diseñado para el ciudadano común que cree no tener escapatoria en el tema delincuencial. Aquellas personas con mente preventiva, pero en búsqueda de técnicas y adiestramiento en la prevención del crimen, conseguirán en él un gran apoyo; y también servirá de ayuda para quienes portan un arma de fuego, con la absurda creencia que eso los absuelve de cualquier peligro.

SEGURIDAD PERSONAL :

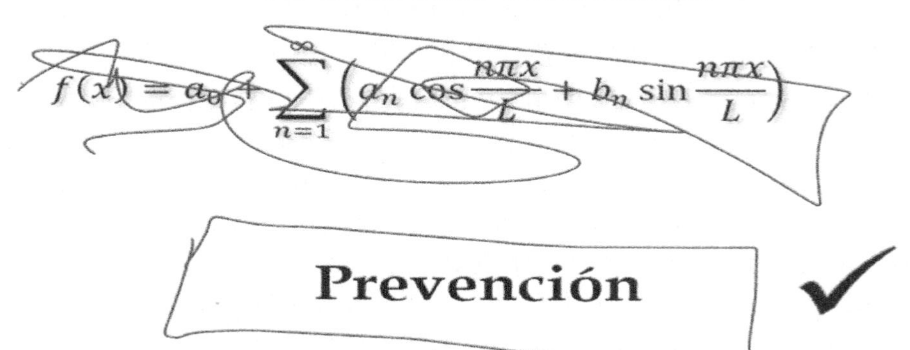

Primera Parte

Despertando el Instinto de Defensa. Seguridad Preventiva

Narrativa

Antes de entrar en el tema de técnicas y estrategias preventivas, quiero hacer un relato breve donde por primera vez, y última, me tocó el infortunio de ser sorprendido y encarado por un alza y guión (las miras de un arma de fuego) en una barriada venezolana.

En horas de la madrugada, y a solo días de haberme graduado en la academia policial, junto a mi compañero respondimos a un alerta, suscitado en un conocido barrio de Caracas, Venezuela, por parte de un ciudadano que lucía alterado, con mucho estrés y un inconfundible temor en su rostro; este nos informó sobre una persona armada que se encontraba en un callejón adyacente y que segundos antes lo había amenazado para robarlo. Así que, mi compañero y yo, nos dispusimos a verificar la situación irregular.

Movido por la adrenalina y la incertidumbre de no saber con exactitud a que nos enfrentábamos, avancé de primero por el estrecho callejón; este carecía de iluminación y contaba con múltiples y angostas bifurcaciones; al igual que empinadas escalinatas de tierra, y que por su altura y la oscuridad que había para el momento, no permitían una visión clara de lo que estaba a nuestro paso. Empuñando mi arma de reglamento (Mágnum 357), iba muy atento en hacer el menor ruido posible al caminar, pero consciente de que los ladridos de los perros, que no cesaban según como avanzábamos por los callejones, ya divulgaban nuestra presencia en el lugar.

En fracciones de segundos, un individuo de contextura delgada, vistiendo una franela oscura sin manga y con bermudas claras, salió sorpresivamente de un callejón a unos 8 metros de distancia de donde yo me encontraba. Mi primera reacción, fue la de mirar a la persona y de inmediato fijé la vista a sus manos, logrando observar un arma de fuego que este sujetaba con ambas manos en dirección a mi cabeza (visión de túnel), me mantuve parcialmente estático (contracción muscular) bajo el amenazante alza y guión, de un arma de fuego que me apuntaba a la cabeza. No sabría decir cuantos segundos, o milésimas de segundos, estuve bajo esa condición de amenaza (distorsión del tiempo). Aun y cuando yo tenía mi arma de reglamento en la mano y "estaba alerta", porque buscábamos a una persona armada, por mi reacción, o mejor dicho por mi falta de reacción, es claro que mi preparación mental y física en materia de respuesta instintiva o mecánica ante una amenaza real, no era la más adecuada para el momento.

¿Qué aprendí de esa situación y que haría distinto hoy?

La preparación mental y física a través del entrenamiento constante debe ser prioridad en la prevención y protección de nuestra integridad física. Que distinto hubiese sido todo, si yo me hubiera anticipado mentalmente a una situación similar a la sucedida y saber que mi mejor defensa era el no convertirme en un blanco fijo / inmóvil; sino, al contrario, moverme de forma ágil, evasiva y accionar mi arma al mismo tiempo contra quien me apuntaría hasta lograr así neutralizar la amenaza.

¿Cómo terminó el evento?

Mi compañero, quien venía a pocos metros de distancia de mí, efectuó varios disparos contra la persona que me apuntaba y al parecer por el resultado final, tampoco sería el último día de ese delincuente; quien logró desaparecer del lugar en medio de la oscuridad de los callejones. Nunca supe cuántos disparos efectuó mi compañero, por el efecto de la adrenalina, solo recuerdo haber escuchado una gran detonación a mi lado (sentido auditivo menos agudo).

Es muy importante, entender cómo trabaja el cuerpo humano durante el despliegue de adrenalina para lograr utilizarla a nuestro favor y defensa. Ese relato muestra claramente sus efectos en el cuerpo humano y lo digo no porque me lo contaron, yo lo viví.

Cuando se activa la adrenalina, se produce una contracción muscular que, entre otras cosas, impacta el sentido de la vista, creando la visión de túnel, genera una distorsión del tiempo (los segundos son eternos) al igual que el sentido auditivo se adapta a la situación extrema y pierde su agudeza. Este tema de la adrenalina y reacción del cuerpo humano será revelado en detalles más adelante.

1. Brevemente sobre la delincuencia en América Latina

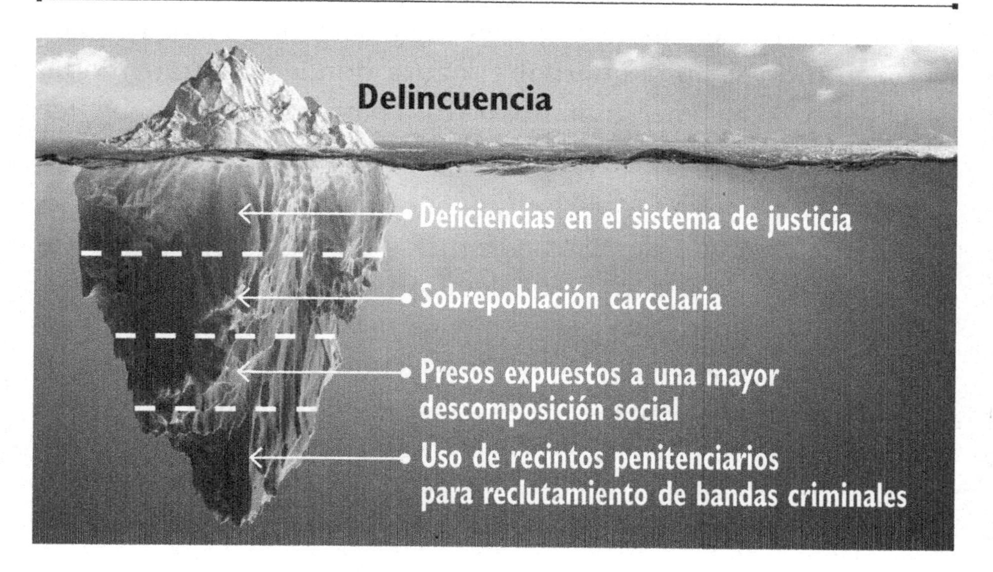

La delincuencia y sus actividades punibles en América Latina, aunque en unos países más que en otros, son, y serán, un tema de nunca acabar. Al contrario de lo que muchos quisiéramos ver como resultado, lo más probable es que los antisociales seguirán ganando cancha y espacio en cada rincón de las ciudades, lo que seguirá influyendo mental y anímicamente en nuestras vidas. Como consecuencia del crecimiento o desbordamiento de las actividades de la delincuencia común, las oportunidades de esparcimiento al aire libre, las visitas sociales y familiares han ido cesando.

Cada vez es más difícil lograr desplazarnos por las calles sin el temor a ser asaltados o ser testigos de un incidente criminal. Y ¿cómo no pensar en la gran preocupación que se siente cuando un hijo sale con sus amigos y tarda en regresar?. ¿Cuántos pensamientos negativos embargan la mente mientras que la zozobra se hace infinita hasta verlo regresar sano y salvo? Ya no se trata de que hay que estar activo o atento en ciertas zonas o vecindarios.

Ahora hay que estar atentos, los siete días de la semana, en cualquier lugar, y a toda hora. Inclusive, se ha sabido de incidentes de robo en las salas de cine y hasta en algunas iglesias. Lamentablemente, también tenemos que aceptar que los hogares ya dejaron de ser una guarimba segura donde nadie nos podía hacer daño. Basta tener invitados en casa para que los delincuentes se vean atraídos a infringirla.

Hace quince, veinte o treinta años atrás, las personas se daban por enterado de actos criminales gracias a los medios de comunicación, prensa, radio o televisión. En algunas ocasiones, y de forma alarmante, las personas mencionaban haber escuchado de terceros sobre alguien que había sido víctima de la delincuencia; y lo que se concluía era que la víctima estuvo en el lugar equivocado, a la hora equivocada. Hoy en día los sucesos se narran en primera persona y en ocasiones el narrador tiene más de una, dos y hasta tres o más experiencias personales, como víctima, para contar.

No pondríamos en duda que las posibilidades que existían, hace unos veinte o treinta años atrás, en las que una persona pudiera caer víctima de la delincuencia, en horas del día y en una zona de seguridad media-alta eran muy remotas; en el presente, esta posibilidad ya no lo es tanto, al contrario, es mucho más exacto predecir que el delito ocurrirá. Entonces, ya no aplica la famosa expresión del lugar y hora equivocada. Lamentablemente, en estos tiempos, se puede ser víctima en cualquier lugar y a cualquier hora. El asunto no es si va a ocurrir, el asunto es cuándo va a ocurrir.

Para aquellos que nos desenvolvemos en el mundo de la seguridad y hacemos seguimiento a esta amenaza rampante, observamos de forma alarmante, como el auge de la criminalidad ha ido creciendo y apoderándose en los últimos años de toda Latino América. Es una epidemia, como una enfermedad contagiosa, causada por personas con violencia en sus venas y odio en sus neuronas y su único objetivo es ocasionar problemas y arrebatar la paz mental del ciudadano común.

Esta problemática contagiosa, como ya lo mencioné, aún y cuando es más fuerte y más peligrosa en algunos países que en otros, no deja de ser una gran preocupación a todos los niveles y estratos sociales. Esa misma delincuencia en activo crecimiento, solo ha disminuido en las edades de sus miembros o victimarios, entiéndase como victimarios, los que delinquen, los que cometen robos, secuestros express, secuestros, sicariatos, entre otros delitos. Niños que a sus 12 o 13 años, actúan en grupo como pirañas en las calles, arrebatándole las pertenencias a los transeúntes y luego van escalando sus posiciones en el ámbito criminal como ladrones, traficantes, secuestradores, sicarios, etc.

De igual forma, también observamos el hecho de que la delincuencia se ha hecho más joven en términos de edades, ha incidido en algunos factores como el aumento de la insensibilidad ante las víctimas (proceso para deshumanizar), impericia y negligencia al manipular armas de fuego (armas que se accionan por accidente), falta de control de la adrenalina y una mayor agresividad del delincuente, y sin dejar de mencionar, el uso de drogas y estimulantes, antes, durante y después de cada acción criminal.

Según el artículo de Amanda Erickson, publicado en 2018 en el *Washington Post,* titulado *Latin America is the world's most violent region,* de los 20 países con mayor incidencia de homicidios en el mundo, 17 están ubicados en Latino América.

Los delincuentes estudian, evalúan y se preparan cada día con mayor destreza; utilizan técnicas que van desde el uso de drogas altamente tóxicas como la Escopolamina (llamada coloquialmente "Burrundanga"), que entra al organismo al entrar en contacto con la piel o por la boca y que permite el control absoluto sobre la víctima quien pierde la voluntad propia; hasta el uso de técnicas de distracción y agilidad mental para llevar a cabo sus fechorías al menor costo posible.

Hay muchos ejemplos de técnicas y artimañas utilizadas por los delincuentes, pero una de las que más me ha llamado la atención, por su efectividad, es la siguiente:

Delincuente vistiendo de forma acorde a la ocasión y al lugar, se hace pasar por promotor de revista de moda y modelaje, y hace espera en las cercanías de una sala de cine para observar y seleccionar a sus víctimas potenciales (jóvenes de 14 a 20 años). ¿A qué joven no le gustaría salir en la portada de una revista de moda? El criminal se les aproxima y con mucha propiedad les habla y muestra revistas y panfletos coloridos de lo que hace como "promotor de modelos". Es allí donde, valiéndose de la vulnerabilidad y el ego de sus víctimas, pide tomarles una foto como muestreo para la selección de candidatas. Luego les pide el número de teléfono de sus padres, con la excusa que requerirán de una aprobación, al mismo tiempo llenan una especie de formulario con dirección de casa, nombre del plantel de estudio y nivel, entre otros datos personales. Al culminar la labor de obtener información de la/las jóvenes, les recuerda apagar el celular durante la película para que no tengan problemas en la sala de cine.

A partir de ese momento, cuando comienza la película, el delincuente sabe que cuenta con 2 horas, aproximadamente, para extorsionar a los padres de las jóvenes. El impacto psicológico que ejerce el delincuente sobre los familiares al mostrar fotos y datos específicos de la "secuestrada", es muy alto. He sido testigo presencial de ello, y de lo que esta modalidad influye sobre las personas cercanas a los plagiados.

Esta es solo una de las modalidades del llamado Secuestro Virtual, las cuales son aplicadas igualmente por presos desde recintos penitenciarios.

Los delincuentes asumen su actividad criminal como una profesión seria y lo asimilan como tal, como su medio de vida. Ellos sacan sus aprendizajes de cada acción, para así mejorar sus modus operandi (método utilizado). Aquí aprovecho para hacer mención de la ventaja que tiene el delincuente sobre el ciudadano común, quien no asume la prevención del crimen como un trabajo o labor diaria y no siempre aprende de malas experiencias.

Los depredadores de la calle (antisociales) estudian los sitios más concurridos según horarios, vías de acceso y escape, presencia policial en las cercanías, etc. No pasan por alto los efectos que los locales de esparcimiento, como restaurantes y bares, ocasionan en las personas al ingerir alcohol, afectando este en la percepción de riesgos y nivel de alerta. Ellos deambulan por las urbanizaciones en búsqueda de choferes descuidados y residencias donde el número de vehículos estacionado, música, luces, etc., les advierte sobre celebraciones y reuniones sociales.

Al ciudadano común le es difícil predecir, con exactitud, dónde y cuando ocurrirá un incidente; pero para el delincuente es fácil lograr predecir que a la salida de cada uno de estos locales o residencias, donde hay celebraciones, siempre habrá personas con una percepción de riesgo nula o también conocido como mente en blanco y por consiguiente, será una persona de alta vulnerabilidad o presa fácil.

Con la intención de obtener más datos sobre la delincuencia común, me di la tarea de contactar a excompañeros del mundo policial y otros expertos del campo de la seguridad; todos ellos ubicados en países distintos como España, EEUU, México, Guatemala, Panamá, Venezuela, Ecuador, Bolivia, Costa Rica y Argentina. Como ya era de esperar, y según la información recabada, la delincuencia en distintos países actúa de forma similar o como se conoce en el argot policial, con el mismo *modus operandi*. Los delincuentes requieren de tres factores para lograr seleccionar y abordar a su potencial víctima:

- Persona vulnerable / nivel de alerta bajo,
- El factor oportunidad / momento idóneo para actuar,
- El factor sorpresa / abordar a la víctima en su momento de descuido asegura control absoluto de la situación.

Lo que realmente puede variar en ellos es su nivel de agresividad y violencia ejercida sobre sus víctimas. El delincuente, como ya lo hemos mencionado anteriormente, vigila y acecha a distancia a quienes muestran un nivel de alerta bajo y luego los abordan aprovechándose del factor sorpresa.

El nivel de agresividad de la delincuencia puede y es influenciado según sus edades, experiencia como delincuentes, uso de alcohol / drogas y muy importante resaltar, en la resistencia que ponga la víctima al momento del acto. Por lo tanto, hay que aprender que ¡Quieto es Quieto!

Mientras más trabas le pones al delincuente, mayor tiempo que pasarás con él, y mayor la posibilidad de que te agredan.

El delincuente es de vista afinada o mejor dicho, es buen observador. Logra reconocer a distancia qué persona podría ser un buen botín según vestimenta, prendas de vestir, carro y actitud. La observación, le permite reconocer si estás descuidado y denotas la actitud pasiva de alguien que no está preparado para detectar y responder a situaciones de peligro.

En términos generales, por negligencia, o por falta de compromiso de las personas en actitudes preventivas, el delincuente puede predecir fácilmente donde esperar para avistar a un buen prospecto de víctima. Por ejemplo, el delincuente esperará cerca de un tele-cajero a que tú retires dinero en efectivo porque, seguramente ¿qué harás al retirar tu dinero? Lo más posible es que lo contarás frente a la máquina. Ahora yo te pregunto, ¿y para qué contarlo si no habrá a quién reclamarle?

Cabe destacar que, la acción de contar el dinero frente a un cajero en la vía pública, es una acción de memoria muscular (no pensada); lo hacemos tantas veces, que queda registrada en la mente subconsciente como parte de la transacción de retiro de dinero. La buena noticia es que puedes controlar esa acción según reprogrames el subconsciente. Ya hablaremos más sobre las bondades del subconsciente.

Por otro lado, cuando analizamos una de las estrategias para reprimir, controlar y "regenerar" a los antisociales, no podemos descartar que las prisiones o centros penitenciarios podrían ser solo un castigo para los que no tienen nada en común con estos.

Siempre se ha dicho, y aquí lo ratifico, que los distintos centros de detención son las escuelas y universidades de los delincuentes, allí se ejerce la ley del más delincuente y estos son quienes terminan imponiendo las reglas y códigos de conducta de las prisiones. No es un secreto que, desde las cárceles se realizan llamadas extorsivas, se realizan secuestros virtuales (donde no hay ningún secuestrado como tal) y que los más temidos en la prisión, reclutan y amoldan allí a sus nuevos prospectos.

Así que el que fue puesto en prisión por un delito posiblemente insignificante, en comparación a casos de extrema violencia, allí aprende técnicas de otros niveles delincuenciales; secuestro, extorsión, robo de bancos, robo de transporte de valores, sicariatos, etc. Las cárceles se han convertido en generadores o propagadores de la infección criminal, contagiando a todo aquel que por ella pasa.

A todos nos es claro que la delincuencia no discrimina en edades, género, estatus social, profesión, lugar u hora para cometer sus delitos contra el ciudadano común. Esta pésima realidad, vista diariamente en medios de comunicación, compartidas en redes sociales y evidenciada en las crecientes listas o estadísticas de víctimas de delitos, te obliga como ciudadano común a asumir de inmediato un rol protagónico en la auto protección en materia de prevención del crimen.

Sobre las prisiones o centros de rehabilitación

Empecemos por citar el artículo *The Prison Dilemma: Latin America's Incubators of Organized Crime* escrito por Steven Dudley and James Bargent[1] .

> "Las prisiones en América Latina y el Caribe están en crisis. El hacinamiento masivo ha creado muchos más problemas que encarcelar a los sospechosos... Los encarcelados –miles de los cuales ni siquiera han sido acusados formalmente de un crimen– viven en condiciones deplorables e inhumanas que los dejan vulnerables a la coerción y el reclutamiento de bandas criminales cada vez más sofisticadas."

De allí podemos aprender y resaltar cuatro problemas en concreto:

1. Sobrepoblación carcelaria.
2. Ineficacia o descontrol en el sistema procesal penal.
3. Exposición a una mayor descomposición social.
4. Uso del recinto penitenciario para selección y adiestramiento de criminales.

Cuando se habla de hacinamiento masivo, sale a relucir la idea o necesidad de construir nuevas cárceles. Yo, particularmente, soy de la posición que si un hospital se mantiene colmado de enfermos, sobrepasando su capacidad máxima, el asunto no es solo construir más hospitales, el deber ser es entender ¿por qué a los enfermos no se les está dando de alta, curados y con mejores condiciones de salud?

---

1. Ver ***InSight Crime*** en **Doc Player.net**: https://docplayer.net/65231776-The-prison-dilemma-latin-america-s-incubators-of-organized-crime-by-steven-dudley-and-james-bargent.html

La problemática de la cárcel en Latino América (unos países más que otros) es que sufren del efecto llamado, puertas giratorias, donde por un lado están saliendo los delincuentes y, al poco tiempo, vuelven a reincidir.

¿Cómo pensar que los centros penitenciarios harán su trabajo gerencial para regenerar a los antisociales y luego lograr la delicada tarea de reinsertarlos en la sociedad como un nuevo contribuyente para la prosperidad social, si cuando el mismo sistema judicial que se encarga de impartir y establecer la justicia en una sociedad, carece de iniciativas para corregir y actuar diligentemente en el cumplimiento de sus propias responsabilidades?

No hay que ser criminólogo, sociólogo o psicólogo para entender que la exposición de los delincuentes en el ambiente deplorable existente en las prisiones, más que ayudarlos, los hace más apegados y resistentes a sus ideas y sentimientos de índole criminal.

Como ritmo de la vida, en general, las personas terminamos moldeándonos según el medio donde nos desenvolvemos, con algunas excepciones claro está. Por ejemplo, si quieres ser alcohólico debes ir al bar donde estén los que más toman y así lograrás ser alcohólico al poco tiempo; si lo que quieres es enfermarte, siéntate al lado de alguien que esté enfermo; pero si quieres superarte, reúnete con los que te inspiren, multipliquen y sumen a tus ideas de superación. Luego de estos ejemplos, ¿qué podemos pensar sobre la delincuencia actual, sus círculos viciosos y centros de "rehabilitación"?

Datas y estadísticas provistas por distintas fuentes, como CNN en español y documentos del Consejo Ciudadano de México, han revelado que, en 2017, los 10 lugares más violentos del mundo se encuentran en América Latina. Y del total de 50 ciudades más peligrosas, 42 son latinoamericanas.

¿Cómo serían esas cifras, si las personas sólo hubieran sido más conscientes, menos confiadas e ingenuas, y con mejor preparación mental y física para detectar y evitar a tiempo ser parte de esa estadística? Hace 20, 30 o 40 años atrás, era más factible estar involucrado en un choque de auto que ser víctima de la delincuencia; y siempre ha sido una necesidad el contar con la correcta cobertura de seguro para el vehículo.

Hoy en día es debatible el que sea menos factible que estés involucrado en un choque versus que seas víctima de la delincuencia. Claro está, esto en gran parte dependerá de dónde haces vida y cómo son tus rutinas. Lo cierto es que, si tienes tu auto asegurado, ahora te corresponde auto asegurarte para prevenir y manejarte tú, y a tus seres queridos, de forma más segura.

Posiblemente, y así espero que sea, tú, al salir de casa, nunca olvidas pasar la llave y verificar doblemente que la puerta esté cerrada. Si tienes portón eléctrico, lo más probable es que esperas hasta ver que el portón cierre totalmente. Al estacionarte, colocas la alarma del auto, te aseguras de que ésta funcione, en ocasiones oprimiéndola más de una o dos veces.

Ahora te pregunto, antes de salir de tu casa, oficina o lugar de esparcimiento ¿estás acostumbrado a voltear a los lados, detectar quien está afuera, observar eventos que podrían ser sospechosos?

Normalmente, las personas aseguran sus autos, colocan GPS, trabegas y utilizan el cinturón de seguridad previendo un posible choque, pero cuando a su seguridad física se refiere, carecen de esa misma disposición e iniciativa preventiva. Y esto sin mencionar los casos de personas que han perdido la vida, al tratar de proteger celulares, prendas, autos y hasta por un par de zapatos.

Las personas tienden a ser más diligentes protegiendo sus activos/objetos que su integridad física y la de su familia. Siendo cuidadoso en la protección de tus activos/objetos, no necesariamente también te estás cuidando tú. Pero si tú eres diligente cuidándote a ti mismo, lo más seguro es que también logres cuidar tus activos.

Como bien lo dice el eslogan de una conocida empresa de seguros, "es mejor tener un seguro y no necesitarlo, que necesitarlo y no tenerlo". Tal es también el caso de la seguridad personal; es mejor tener el nivel de alerta y la preparación adecuada y no necesitarlos que necesitarlos y no tenerlos.

Conclusión

La delincuencia no es un fenómeno espontáneo y que será erradicado en algún momento, bajo un esquema determinado de justicia, leyes y centros de rehabilitaciones bien estructurados y con la gerencia adecuada. Siempre habrá factores que la mantendrá viva y enérgica. La furia delictiva, siempre estará presente como un reflejo de la degradación moral y social en nuestras comunidades y familias.

Este también es el reflejo de la ineficacia de quienes les corresponde establecer los correctivos; y seguirá activa como una muestra de la conducta antisocial que se aloja en algunos seres humanos sin existir una explicación sencilla y lógica de entender.

Ahora que entendemos un poco más la situación sobre la delincuencia, y que queda claro que la seguridad personal no se delega; te doy la buena noticia que aún estás a tiempo para reaccionar ante esta amenazante e intimidadora situación. Con la correcta formación sobre el tema y el entrenamiento adecuado, el ciudadano común le puede, y debe, salir al paso de manera individual, o colectiva, para lograr influir, de manera positiva, en la realidad delincuencial y la victimización.

Revisión y Test sobre Lectura

Brevemente sobre la delincuencia en América Latina

1. La problemática de la delincuencia es un asunto de estar en el lugar equivocado a la hora equivocada.

Verdadero ☐ Falso ☐

2. La ventaja de que los delincuentes de hoy sean más jóvenes, es que su nivel de violencia y agresividad ha bajado un poco.

Verdadero ☐ Falso ☐

3. De los 20 países con mayor incidencia de homicidios en el mundo, 17 están en el Latino América.

Verdadero ☐ Falso ☐

4. Al ciudadano común le es fácil predecir con exactitud, dónde y cuándo ocurrirá un incidente. Pero para el delincuente le es difícil lograr predecir lugar y momento del acto criminal.

Verdadero ☐ Falso ☐

5. Los delincuentes requieren de tres factores para lograr seleccionar y abordar a su potencial víctima:

a. Persona vulnerable/nivel de alerta bajo,
b. Factor oportunidad,
c. Factor sorpresa.

Verdadero ☐ Falso ☐

6. Las personas tienden a ser más diligentes protegiendo su integridad física y la de su familia que la de sus objetos (prendas, celulares, autos, etc.)

Verdadero ☐ Falso ☐

7. La construcción de centros penitenciarios, con educación y programas idóneos para regenerar a reos/delincuentes, ayudaría a erradicar por completo la existencia del crimen en las calles.

Verdadero ☐ Falso ☐

(Las respuestas correctas del texto las encuentras en la página 142)

2. El poder de tu intuición

Para comenzar, es imprescindible reconocer el increíble y poderoso atributo de supervivencia y defensa del cuerpo humano. Este atributo no discrimina en sexo ni en condición corporal, y está presente en cada uno de nosotros como individuos. Poner en uso las habilidades y capacidades naturales e instintos de defensa, que el propio cuerpo humano nos brinda ante cualquier amenaza, nos posiciona en estado mental y físico ganador en contra del crimen.

Así como el cuerpo humano te alerta y previene del frío y el calor, también te advierte sobre situaciones de riesgo, al tiempo que te provee de las herramientas para responder y actuar acorde a la situación.

La mayoría de las personas no prestan atención al mundo que les rodea, ya sea por sus complicadas agendas o, simplemente, porque solo se enfocan en el día a día.

La rutina diaria y el querer o el deber hacer las cosas de prisa, y siempre tratando de ganar tiempo al tiempo, lo cual es irreal cuando no hay planificación de actividades, es uno de los malos hábitos que no permiten a las personas el poder ser observador y detallista de lo que les rodea.

¿Será esta una de las ventajas que utilizan los delincuentes a su favor? Y me pregunto, ¿qué puede ser más importante para ti que el evitar ser víctima de robo o secuestro, por no mencionar un peor escenario?

Trabajar en el mal hábito de querer hacer todo de prisa, con mente dispersa y llegar a lugares en automático, sin ni siquiera saber por cuáles vías se manejó, en cuántos semáforos se detuvo, o en qué lugar se dejó el auto estacionado; es un requisito esencial para lograr ser observador e intuitivo al igual que efectivo en la detección de peligros.

Más adelante profundizaremos en la importancia de ser observador, por ahora cabe destacar que el sentido de la observación se interrelaciona directamente con nuestra forma de intuir; no solo lo que es agradable a nuestra vista y que nos transmite calma, si no también cuando existen situaciones de riesgo o amenazas.

El miedo es respuesta automática de tu mente y cuerpo al detectar una amenaza.

La intuición, llámese corazonada o presentimiento, es un don natural que capacita a las personas a entender algo de forma inmediata, sin la necesidad de un razonamiento consciente.

Este entendimiento. sin juzgar ni analizar, viene del subconsciente. Así que la intuición es la capacidad de entender o saber algo inmediatamente, basándose en un sentimiento inmediato y no en los hechos como tal. ¿Qué sería de los padres y madres sin la intuición?

Tu seguridad, para que sea realmente preventiva, debe ser sensible y en completa sintonía con la intuición, la cual está impulsada por la mente subconsciente, de lo que también conversaremos en detalle. Debes concientizar que las situaciones de riesgo y amenazas, deben ser evitadas de forma inmediata y sin demora.

Por ejemplo, si estás apurado y vas a sujetar una olla que está en la hornilla, y de pronto intuyes, sientes, que la olla está caliente. ¿Cómo reaccionas?

Lo más seguro es que retires la mano de inmediato ¿correcto? El subconsciente acepta simples ideas como realidades (olla caliente), y procedes a protegerte, haciéndote reaccionar sin debatir pensamientos o posibilidades.

No hacer caso a la intuición conlleva a un proceso de razonamiento, que se produce cuando la mente consciente piensa y debate en los hechos para luego formar las opiniones o conclusiones de lo intuído.

Así que tu intuición se debe al mundo que te rodea, ¿cómo podría funcionar y activarse la intuición, si no eres sensible y observador del espacio donde te encuentras?

Como ya lo dijimos anteriormente, la seguridad es responsabilidad individualizada. La policía, mayormente, llegará luego de consumado el delito y eso será solamente, si el departamento policial cuenta con suficientes unidades de patrulla para que su personal policial ejerza sus funciones.

Se debe desechar el concepto errado de que la culpa de tantas víctimas de la delincuencia es responsabilidad del Estado y sus órganos de seguridad y "protección".

Ley Causa y Efecto

Si eres de las personas que prefieres ver la problemática de la delincuencia y victimización como responsabilidad única de entes policiales, te quiero plantear la Ley Causa y Efecto como mecanismo de análisis y mejoras en el área de seguridad y prevención.

Al entender que los efectos son el resultado de las causas, y aplicando la Ley de Causa y Efecto en la seguridad, te alejarás de buscar otros culpables por eventos sucedidos y así asumirás responsabilidad personal en lo que acontece para bien o para mal. El estar abierto a la idea de causa y efecto en la seguridad, logrará llevarte a acciones y mejoras continuas en la toma de correctivos.

Aun y cuando se dan casos donde una persona termina siendo víctima de la delincuencia porque llega a un sitio donde ya se está cometiendo un delito (víctima secundaria) o por negligencia, descuido o falta de prevención de otros, allí igualmente los efectos, tales como ensañamiento y escalamiento de la violencia por parte del delincuente, comúnmente, estarán sujetas a como se reacciona en el momento.

Narrativa Ley Causa y Efecto (Robo Residencial)

Delincuentes logran entrar a una casa donde hay una reunión social, esto causado por descuido del dueño de la casa, quien prefirió dejar la puerta abierta para facilitar el acceso de sus invitados. Uno de los asistentes de la reunión, al darse cuenta de que delincuentes habían entrado a la casa, aunque con un poco de temor por si lo descubrían, optó por esconder de forma ágil su reloj y llaves del auto (camioneta sport) en un matero. Los delincuentes sometieron uno a uno de los invitados quitándoles las pertenencias, al mismo tiempo que los iban metiendo a un cuarto bajo amenazas de agresión si no colaboraban.

Al llegar el turno del ágil invitado, quien escondió su reloj y llaves del auto en el matero, uno de los delincuentes le pidió las llaves de la camioneta sport, a lo cual éste se dio por desentendido.

El delincuente ya había observado, minutos antes, la llegada del habilidoso señor en la camioneta, así que sin mediar palabras lo golpeó con la cacha del arma en dos ocasiones, viéndose este obligado a decir donde las había ocultado. Allí todo empeora cuando el delincuente notó que su víctima también había ocultado un reloj, y esa fue una nueva excusa para volver a agredirlo y llevárselo como rehén. Esta víctima, quien fue el único agredido físicamente durante el robo y tomado como rehén, fue liberado posteriormente en una autopista de la ciudad, sin ropa y con múltiples heridas severas, luego que le sustrajeron también el máximo de dinero de un telecajero.

Preguntas:

- ¿Cuál fue la causa que motivó la agresión física del delincuente sobre su víctima?
- ¿Cuál fue el efecto?
- ¿Sería acertado decir que los efectos de violencia física durante el robo ocurrieron después de la causa?
- ¿Cuáles consideras que podrían ser los correctivos para prevenir otro evento similar?
- ¿Qué tan efectiva puede ser la intuición cuando no se hace nada al respecto?

Planteamientos Preventivos sobre Narrativa Robo Residencial

- El caso narrado, basado en hechos reales, es una muestra clara de la falta de compromiso de la mayoría de las personas en materia de seguridad y prevención. El ser invitado, o anfitrión, de una reunión social y no darse cuenta de la alta vulnerabilidad que existe al dejar la puerta de la casa abierta por comodidad, es un claro ejemplo de la falta de compromiso de las personas para con la prevención del crimen.

- No tomar acción por pena al qué dirán, dejar las acciones correctivas en manos de otros, o peor aún, ser pasivo en lo intuitivo, solo puede ser corregido por cada uno y de forma individual.
- Tratar de proteger los activos con la propia vida de uno, es simplemente un absurdo y sin sentido lógico. ¿Qué diferencia habría entre jugar a la ruleta rusa o mentirle a un delincuente, que está hábido de violencia y posiblemente bajo efectos de droga, y solo por tratar de proteger un objeto?
- En puntuación del 1 al 10, ¿qué nivel de responsabilidad le darías a cada uno de los siguientes participantes?
    - Delincuentes que buscan la oportunidad para cometer el robo
    - Negligencia policial que no patrullaron la zona donde se cometería el delito
    - Dueño de la casa que dejó la puerta abierta para facilitar entrada de invitados y delincuentes.
    - Visitantes que fueron pasivos ante el peligro y no actuaron para mantener la puerta cerrada

Ahora, en una tónica parecida de cómo puedes ejercer cierto control sobre eventos que te llegan, de forma advertida o inadvertida, usando tu poder de la intuición, quiero hacer mención de un principio denominado ***90/10***.

El famoso escritor Stephen Covey presenta la idea del ***Principio 90/10.*** Este principio indica que, del 10 % de lo que nos llega en la vida, no tenemos el control. Pero el 90% de lo que sucede depende de cómo reaccionamos. A esto le añado que, muchas veces reaccionamos de forma incorrecta por la falta de entrenamiento mental y físico y por consiguiente, no se está en sintonía con la intuición y los instintos de supervivencia.

¿Cómo podemos aplicar el principio 90/10 en nuestra conducta de prevención del crimen?

No tenemos control sobre el por qué algunas personas roban y secuestran.

- Pero sí podemos controlar nuestra exposición, vulnerabilidad y respuesta ante ellos.

No tenemos control sobre la carencia de policías preventivas en la calle.

- Pero sí tenemos control sobre nuestra actitud y acciones en la seguridad personal orientada a la prevención.

No tenemos control en la motivación a delinquir por parte de los delincuentes.

- Pero sí podemos desviar su atención según nuestro estado de alerta, atentos a la intuición y evitando el factor sorpresa.

¿Cómo escenificamos esto?

Llegas a un sitio para hacer una compra rápida. Sabes que hay que andar con cautela y evitar situaciones de riesgo, pero por tu rutina diaria, y todas las ocupaciones, debes aprovechar cualquier momento para ponerte al día con las llamadas pendientes, ya sean de trabajo o compromiso social. Por alguna razón desconocida, corazonada o intuición, volteas a ver a alguien, quien de inmediato baja su mirada y se retira del lugar. Y así sigues ocupado en tu rutina, conversando por el celular y un poco disperso, tratando de recordar que es lo que tienes que comprar. En cuestión de segundos, te aborda un delincuente con un arma de fuego en la mano, quien te exige darle el celular, pero no logras entender con exactitud qué es lo que está sucediendo, te pones nervioso, no sabes que hacer y sin intención de enfrentarte al delincuente, tratas de apartarle el arma de tu pecho, pero el delincuente no duda en accionar su arma, logrando herirte. Ya en el piso y herido, el delincuente toma tu celular, cartera, reloj y las llaves de tu auto y se marcha del lugar.

¿Qué ocasionó tan lamentable hecho?

a. ¿El deterioro social?
b. ¿Falta de policías en la calle?
c. ¿El lugar donde hacías las compras?
d. ¿Tus acciones?

Es indiscutible que tú no tienes control sobre el deterioro social, falta de policías y falta de seguridad en el local donde hacías las compras. Por lo que la letra "**d**" es la respuesta acertada.

Ahora, te planteo el mismo caso, pero bajo un escenario positivo y ganador. Te diriges a un sitio para hacer unas compras rápidas, estás consciente que no debes utilizar el celular en la calle para no llamar la atención y poder estar alerta sobre lo que sucede en tu entorno. Al llegar al lugar para la compra, observas a una persona y por alguna razón desconocida, corazonada o intuición, sientes algo extraño, así que decides hacer caso a tu instinto y te marchas de inmediato del lugar. Luego te paras en otro sitio para hacer tus compras y al estar en lugar seguro, te pones al día con tus llamadas de trabajo y sociales.

Bajo este escenario, no hay que lamentar ni buscar culpables, solo seguir reaccionando de la forma correcta Observar, atento a la intuición y evadir situaciones de riesgo.

Como conclusión, el mecanismo intuitivo natural que actúa como un circuito de alarma en el cuerpo humano, es el que te alerta y advierte de situaciones críticas o de riesgo, y es allí donde debes reaccionar de forma intuitiva. Si no estás familiarizado y en sintonía con estos atributos del cuerpo humano, la reacción ágil, oportuna y perspicaz como, por ejemplo, alejarte de inmediato de una persona sospechosa, no sucederá. Bien lo afirma el dicho "si fallas en prepararte, te preparas a fallar".

REVISIÓN Y TEST SOBRE LECTURA

El poder de la intuición

1. La rutina diaria y el querer o el deber hacer las cosas de prisa, es uno de los malos hábitos que previenen a las personas el poder ser observador y detallista de lo que les rodea.

Verdadero ☐ Falso ☐

2. El sentido de la observación se interrelaciona, directamente, con nuestra forma de intuir en lo que acontece en el espacio exterior.

Verdadero ☐ Falso ☐

3. La intuición es la capacidad de entender o saber algo, inmediatamente, basándose exclusivamente en los hechos tal como suceden sin analizarlos.

Verdadero ☐ Falso ☐

4. Situaciones de riesgo y amenazas deben ser evitadas de forma inmediata y sin demora. Y esto dependerá de qué tanto escuchas tu intuición.

Verdadero ☐ Falso ☐

5. Es claro, que la culpa de tantas víctimas de la delincuencia es responsabilidad del Estado y sus órganos de seguridad y protección.

Verdadero ☐ Falso ☐

6. Los efectos, tales como ensañamiento y escalamiento de violencia del delincuente, comúnmente estarán sujetas a como reacciona, la víctima, en el momento.

Verdadero ☐ Falso ☐

7. Según el principio de 90/10. Del 10 % de lo que nos llega en la vida no tenemos el control. Pero el 90 % de lo que sucede depende del como reaccionamos.

Verdadero ☐ Falso ☐

(Las respuestas correctas del texto las encuentras en la página 142)

3. IMPORTANCIA DEL SENTIDO DE LA OBSERVACIÓN EN LA PREVENCIÓN DEL CRIMEN

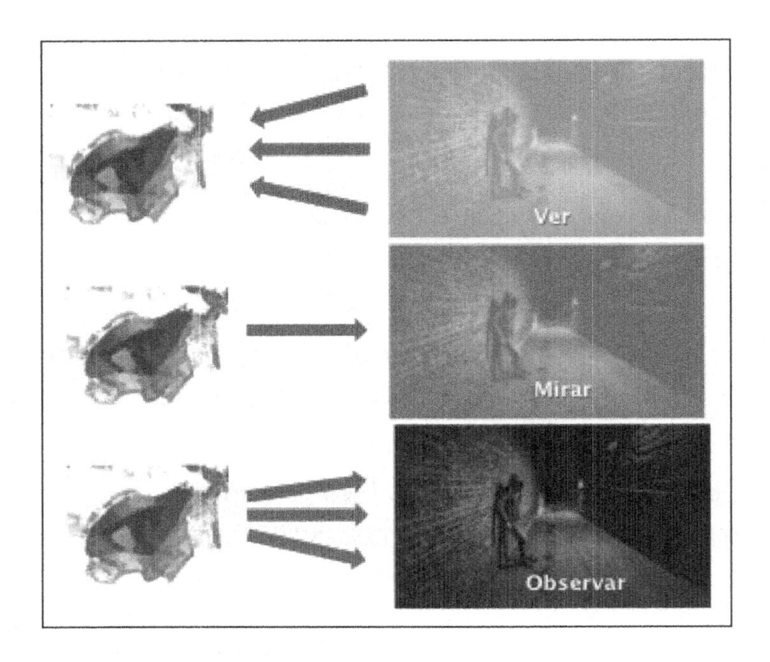

Soy de la idea que los que ven un paisaje, solo disfrutan un 25% de este, los que miran el paisaje lo disfrutan un 50%, pero los que observan el paisaje (luz, contrastes de colores, dirección del viento, rocío, vuelo de aves, etc.) disfrutan el 100% del panorama.

Arístides G.

Te has preguntado ¿Cómo es posible que un policía pueda, a distancia, reconocer a un delincuente? y ¿Cómo es posible que un delincuente pueda reconocer a distancia quien podría ser una víctima potencial?

La respuesta es, a través de la **Observación**.

Para poder entrar en el tema de la observación, es necesario que aclaremos cuál es la diferencia entre Ver, Mirar y Observar.

- Ver: implica percibir a través de la vista, los objetos según se les refleja la luz.
- Mirar: según el diccionario de la RAE, se trata de "dirigir la vista hacia un objeto"
- Observar: según el diccionario de la RAE, es, en primera instancia, examinar atentamente algo o alguien. Esto significa que para observar tenemos que ver y mirar al mismo tiempo.

Las personas por lo general están acostumbradas a que, durante sus rutinas diarias, solo se conforman con ver o mirar, sin necesidad de ser observadores. Muy parecido a cuando conduces un auto a cierta velocidad, se aplica el ver y solo se requiere dirigir la mirada (mirar) a cosas puntuales en la vía (letreros, objetos u obstáculos en la carretera, luz del semáforo, etc.). Como conductor de un auto en movimiento, la observación como tal no ocurrirá hasta tanto reduzcas a un máximo la velocidad o frenes por completo.

Cuando estacionas tu auto en un estacionamiento amplio y concurrido, a no ser que observes y examines con detenimiento varios puntos como referencia, lo más seguro es que al regresar te tomará algunos minutos extras hasta lograr ubicarlo. Por la falta de interés o de costumbre a ser observador, las personas prefieren recurrir a activar sus alarmas de los autos a distancia para llegar a ellos.

Otra de las bondades de ser observador, si aplicas más la observación durante conversaciones con otras personas, es que también lograrás escuchar lo que no se dice. Según expertos, las gesticulaciones y lenguaje corporal son 5 veces más reveladoras que las mismas palabras. Pero el mensaje silente solo puede ser captado por medio de la observación.

¿Alguna vez le has dado la mano o saludado a alguien y de inmediato sientes que esa persona no es de fiar o que te oculta algo?

No te debes subestimar, tú puedes percibir la intensión de otra persona con solo ser observador de las facciones o actividad de los músculos faciales en conjunto con su postura corporal. Lograrás notar que los músculos de la cara no irán acordes con el mensaje verbal. Al igual que habrá disparidad en su lenguaje corporal que te hará click, y es así como tu intuición se activará de inmediato dando la señal de que hay algo fuera de lo normal. Este interesante tema sobre la lectura del lenguaje corporal lo trataré en la Segunda Parte, bajo el Título "**Importancia del lenguaje corporal en la prevención del crimen**" y en la Tercera Parte, bajo el Título "**Influyendo en la percepción de los delincuentes**"

La observación es uno de tus mejores aliados cuando quieres contar con una actitud preventiva. Cuando creas el hábito de la observación, recibes alertas tempranas y a distancia suficiente para asegurar la evasión de cualquier situación de riesgo. Otro gran atributo que te brinda el ser observador es que muestra y refleja a los demás (mundo exterior) un buen sentido de alerta y seguridad que hay en ti.

Aprender a ser observador solo requiere de tiempo y práctica, hasta convertirse en costumbre o una acción de rutina diaria. Ser observador de las personas que te rodean facilita el análisis veloz o escaneo visual de ellos. Te permite identificar gestos y acciones que reflejan el posible estado de ánimo de quien observas, reconocer cuando hay una actitud agresiva o de posible ataque. Así que, siendo observador, identificarás al lobo vestido de abuelita.

El delincuente, por ejemplo, cuando está al asecho, siempre tratará de pasar por desapercibido y por ello, evade las miradas, sus gestos (lenguaje corporal) y facciones de la cara, no irán en consonancia con lo que puedan estar diciendo o lo que quieren aparentar para el momento; tratan de asumir posturas o movimientos casi sobre actuados cuando se saben observados o identificados (bostezar sin ganas, meterse las manos en los bolsillos, subir sus hombros en muestra de neutralidad, gestos de saludos imprevistos, adoptar cara de timidez, tocarse la nariz o bajar la mirada al piso) pero siempre reflejarán y mostrarán un alto grado de alerta a lo que les rodea.

La herramienta más importante de un policía, que patrulla las calles en busca de personas sospechosas, no es el vehículo policial, ni su uniforme y mucho menos su arma de reglamento, es el poder de la observación en completa sintonía con su instinto lo que verdaderamente hace la diferencia entre un policía con experiencia, y uno sin ella.

A tu favor, una de las desventajas del delincuente, es ese sentido de persecución que ellos (los delincuentes) llevan en sus hombros, hay un dicho que lo describe perfectamente "el que la debe la teme", y eso se hace detectable aplicándoles la observación.

Entonces, tengamos en mente ese dicho, el delincuente "la teme" y por ello el poder de la observación es otro gran atributo que te brinda el cuerpo humano que solo está a la espera de que lo afines y pongas en funcionamiento.

Haciéndote una persona observadora, no solo te permitirá avistar peligros a distancia, lo que siempre te dará una gran ventaja para la evasión, sino que también, te ayudará a reconocer los peligros que se te avecinen y las amenazas que puedas tener justo delante de tí.

¿Còmo puedes crear el hábito de la observación?

La formación del hábito es el proceso mediante el cual un comportamiento, a través de la repetición regular y constante, se convierte en automático. Si incluyes ciertos ejercicios de observación a tu rutina diaria, lograrás el objetivo antes de lo que te hubieses imaginado.

Aquí te presento algunas opciones que podrías añadir a ese que hacer diario:

a) A la salida y llegada a casa, ser observador de los autos que se encuentran en la calle donde vives.

- Color, modelo, si están bien o mal estacionados, personas adentro, etc..

b) Ser observador de los hábitos de los vecinos.

- ¿Se muestran estar alertas y atentos al salir y llegar a casa?

c) Observar en semáforos dos o tres personas que estén hablando por celular.

- ¿Serían una presa fácil para un delincuente?

d) Observa la actitud de personas en la calle.

- ¿Qué tan alertas están de lo que sucede a su alrededor?

e) Observa la actitud de otros choferes.

- ¿Cuál te inspira seguridad?
- ¿Cuál está en estado de alerta y cuál no?

f) Al entrar a un sitio concurrido, observa a las personas y trata de descifrar que te dice el lenguaje corporal de esas personas.

Una vez que obtienes el hábito de la observación, esto pasa a ser parte de tu actitud y estado mental normal en el día a día. Cuando logras que se convierta en hábito, tu mente lo almacena y reprograma tu disco duro mental; entonces, ya no tendrás que hacer más esfuerzos conscientes, el subconsciente hará el trabajo por ti. Así como cuando se aprende a manejar bicicleta o a nadar, la actitud, el conocimiento y la pericia siempre estará allí latente.

Otra de las bondades de ser observador, es que también te permite aprender de los errores de los demás, reconociendo a distancia quienes se muestran con nivel de alerta bajo (mente en blanco) y actitud vulnerable para los depredadores de la calle y quienes están alertas a todo lo que sucede alrededor, al igual que tú.

"El hombre inteligente aprende de sus propios errores, el sabio aprende de los errores de los demás."
Arturo Adasme Vázquez

Una de las dinámicas como juego, que en lo particular utilizo con mi familia, es que al entrar a un restaurante les hago algunas preguntas sobre algunos comensales. Esto con la intención de que apliquen la observación. Y cuando entramos a un teatro o un cine, no dudo en preguntarles sobre dónde están las salidas de emergencia, así me aseguro de que están en constante observación y alertas ante una posible evacuación.

Esta dinámica, que la aplicamos en forma de juego, además de brindar más temas de conversación entre nosotros como familia, restando importancia al uso desmesurado de los celulares y tabletas, también ejerce un rol didáctico en mi plan de seguridad familiar, de lo cual haremos mención más adelante.

Revisión y Test sobre Lectura

Importancia del sentido de la observación en la prevención del crimen

1. Cuál(es) de los siguientes es incorrecto:

a) Ver: implica percibir a través de la vista, los objetos según se les refleja la luz.

b) Mirar: examinar atentamente algo o alguien.

c. Observar: dirigir la vista hacia un objeto

2. Según expertos, las gesticulaciones y lenguaje corporal son 5 veces más reveladoras que las mismas palabras.

Verdadero ☐ Falso ☐

3. Tú puedes percibir la intensión de otra persona siendo observador de las facciones o músculos faciales en conjunto con su postura corporal.

Verdadero ☐ Falso ☐

4. El ser observador muestra y refleja a los demás (mundo exterior) un buen sentido de alerta y seguridad que hay en ti.

Verdadero ☐ Falso ☐

5. La observación es un don de pocos y no puede ser desarrollado por cualquier persona.

Verdadero ☐ Falso ☐

6. ¿Cuáles de los siguientes es incorrecto?

a) El delincuente que está al asecho es difícil de reconocer a distancia

b) El delincuente que oculta bien su arma es difícil de reconocer a distancia

c) El delincuente se reconoce cuando se aplica la observación y la intuición

7. Ser observador requiere de mucho entrenamiento y cuando creas el hábito, si dejas de practicarlo, se olvida.

Verdadero ☐ Falso ☐

(Las respuestas correctas del texto las encuentras en la página 142)

EJERCICIOS PARA LA OBSERVACIÓN

Ejercicio de Observación (A)

Observa el siguiente cuadro (máximo por un minuto) y luego pasa a la próxima página.

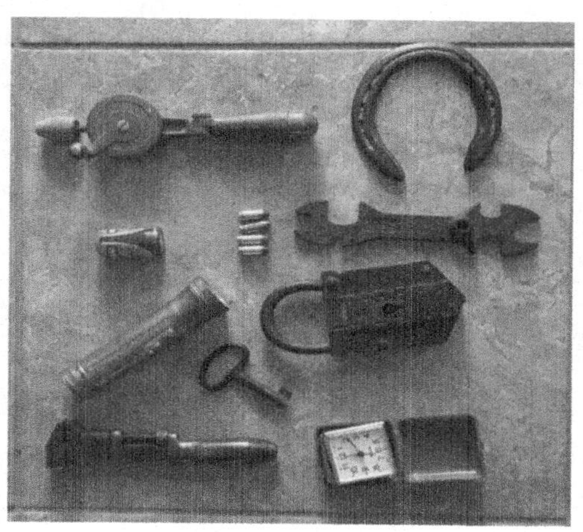

Ejercicio de Observación (B)

Observa ahora la siguiente foto del Ejercicio de Observación (B), máximo por un minuto y luego pasa a la próxima página.

Segundo Cuadro del Ejercicio (A)

Observa el cuadro y trata de identificar cuál de los objetos cambió de posición / dirección. Quizás tengas que practicar varias veces este ejercicio de observación, hasta lograr la respuesta.

Según lo observado en la foto mostrada Ejercicio (B)

1. ¿El robo ocurrió de día o de noche?
2. ¿Qué pertenencias/prendas tiene la mujer?
3. ¿Cómo están vestidos los delincuentes?
4. ¿Por qué crees que la tomaron por sorpresa?
5. ¿De qué lado trae el bolso la mujer?
6. ¿Cuál de los dos delincuentes le arrebata la pertenencia a la mujer y qué objeto utilizó cómo arma?
7. ¿Se pudo haber evitado ese incidente?

Comentarios y respuestas – Ejercicio (B)

1. Aparentemente el incidente ocurrió de día por la iluminación presente en el fondo de la foto y la moto con la luz apagada.
2. Cartera, reloj y celular.
3. La mujer camina en la misma dirección del tráfico, cartera colocada del lado de la calle y aparentemente usaba su celular.
4. Lado izquierdo, lado del tráfico.
5. El de atrás, portando lo que aparenta ser un arma de fuego sujetada con la mano izquierda y arrebatando el bolso con la mano derecha.

   ¿Se pudo haber evitado ese incidente?
6. Sí, evitando su vulnerabilidad y el factor sorpresa de los delincuentes.
7. Caminando en contra del tráfico, colocando su cartera del lado más lejano de la vía del tránsito, no haciendo uso de celular, estando atenta y observadora a su alrededor y prestando atención a su intuición.

4. ENTUSIASMO A DELINQUIR Y VULNERABILIDAD DE LAS VÍCTIMAS

No podríamos analizar el entusiasmo a delinquir y la vulnerabilidad de las víctimas como dos temas separados, ya que ambas van de la mano y una es consecuencia de la otra.

Comencemos por determinar el origen etimológico de "vulnerabilidad". Deribado del latín, conformada por tres palabras latinas claramente diferenciadas: el sustantivo vulnus, lo que se traduce como "herida"; abilis, equivale a "que puede"; y el sufijo dad, indicativo de "cualidad". De ahí que vulnerabilidad pueda determinarse como "la cualidad que tiene alguien para poder ser herido".

Existen numerosos estudios realizados por criminólogos los cuales demuestran y evidencian que los entusiasmos a delinquir guardan relación directa con:

- El deseo de bienes materiales
- El premio del prestigio que se obtiene entre los miembros de bandas criminales y

- Siendo punto clave, la vulnerabilidad de la víctima.

En relación con el deseo o gratificación, prestigio que entusiasma a los delincuentes; no hay mucho o nada que tú como persona puedas hacer. Ahora bien, el tercer factor, la vulnerabilidad, es tu responsabilidad y la de cada ciudadano que quiera imponerse ante la problemática y consecuencias traumáticas que ocasionan el ser víctima de la delincuencia.

En los gráficos que siguen (a) y (b) se plantea de forma visual los factores a delinquir y la actitud de una víctima potencial que la hace vulnerable o no.

Factores de entusiasmo a delinquir

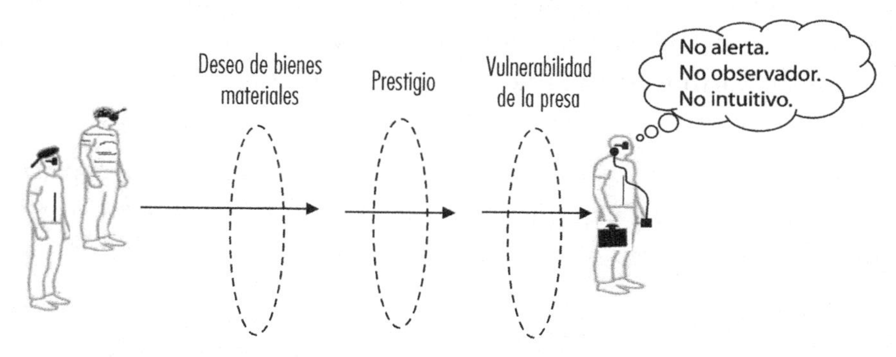

Gráfico (a): Potencial víctima no alerta, no en observación, sin usar la intuición.

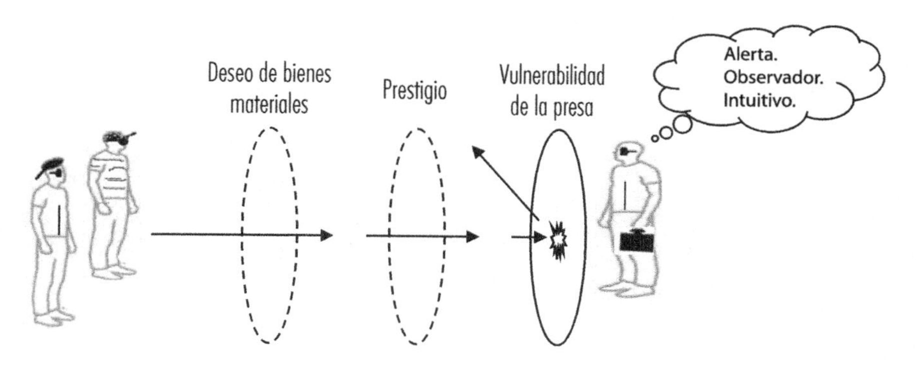

Gráfico (b): Potencial víctima alerta, en observación, intuitivo.

Contra los expertos en el ataque, el oponente no sabe cómo defenderse; contra los expertos en la defensa, no sabe por dónde atacar.
El Arte de la Guerra. Sun Tzu[2]

Como bien lo expresan esas líneas sustraídas del libro *El Arte de la Guerra,* es de vital importancia que aprendas a protegerte de forma efectiva para que logres desentusiasmar a quien te podría estar acechando a distancia. Como reza el dicho ***¡León no come león!***

El delincuente común, no te buscará en específico, ellos buscarán la vulnerabilidad y con esta, la oportunidad dada para abordar a quien pueda ser su víctima. Así que podemos decir que el delincuente no busca a su víctima, ellos buscan a las personas que actúan de forma vulnerable y que proporcionan la oportunidad para ellos abordarlos bajo el factor sorpresa.

Tu actitud en la calle marcará las pautas a favor o en contra de la acción de un delincuente común. Aplica los siguientes tips, y minimizarás cualquier intensión que pueda tener un delincuente:

- Estar alerta a lo que te rodea,
- Ser observador de personas o situaciones sospechosas,
- Escuchar y reaccionar según tu instinto te lo dicte.

EJERCICIOS Y ANÁLISIS

Observa la foto.

Ahora responde las siguientes preguntas.

a) ¿A qué fachada pertenece esta foto?

b) ¿Observas alguna vulnerabilidad en las personas?

c) ¿Alguna condición de riesgo? ¿Por qué?

d) ¿Según lo que ves, que harías distinto para prevenir cualquier amenaza de robo?

(Las respuestas correctas del texto las encuentras en la siguiente página)

Respuestas al Test Práctico del Tema: Entusiasmo a Delinquir y Vulnerabilidad de las Víctimas

Preguntas de la página 47 (Ejercicios y Análisis)

a) ¿A qué fachada pertenece esta foto?

b) ¿Observas alguna vulnerabilidad en las personas?

c) ¿Alguna condición de riesgo? ¿Por qué?

d ¿Según lo que ves, que harías distinto para prevenir cualquier amenaza de robo?

Respuestas

a) Entidad bancaria.

b) Personas utilizando el tele cajero, usuario y acompañante, no atentos a lo que sucede en el entorno. Mujer caminando con la cartera del lado del tráfico.

c) Sí. Tres personas, en actitud sospechosa, en la entrada del banco. Atentos a lo que sucede fuera del banco; los tres en posición, espalda contra la pared, para prevenir ser tomados por sorpresa. Con un lenguaje corporal de estar atentos y alertas a lo que sucede.

d) Tanto la mujer como los usuarios de los cajeros deben ser más observadores e intuitivos, estar más alertas y notar el posible peligro al ver tres extraños en la puerta del banco. Deben evadir cualquier situación de riesgo latente.

REVISIÓN Y TEST SOBRE LECTURA

Entusiasmo a delinquir y vulnerabilidad de las víctimas

1. ¿Cuál(es) de los siguientes es incorrecto?

a) Víctima es la cualidad que tiene alguien para poder ser herido.

b) El delincuente abordará a su potencial vítima sin importar la vulnerabilidad de esta.

c) El delincuente abordará a su víctima sin importar la oportunidad dada.

2. La responsabilidad del que no quiere ser víctima es enfocarse en la gratificación y prestigio del delincuente.

Verdadero ☐ Falso ☐

3. La vulnerabilidad es la responsabilidad de cada quien para evitar ser víctima.

Verdadero ☐ Falso ☐

4. El estar alerta, ser observador e intuitivo, son las condiciones para persuadir a un delincuente.

Verdadero ☐ Falso ☐

5. Estar alerta y ser observador es todo lo que se requiere para prevenir situaciones de amenaza.

Verdadero ☐ Falso ☐

6. Según el entusiasmo a delinquir, ¿cuál de los siguientes es correcto?

a) El deseo de bienes materiales

b. El premio del prestigio que se obtiene entre los miembros de bandas criminales

c. La vulnerabilidad de la víctima

d. Todas las anteriores.

(Las respuestas correctas del texto las encuentras en la página 142)

Matriz para Determinar Nivel de Vulnerabilidad DELINCUENCIA COMÚN	Vulnerabilidad según puntaje		
Hábitos y Conducta	SI	NO	N/A
1. ¿Has sido víctima de la delincuencia en los últimos 3 años?	2	1	
2. ¿Si portaras un arma de fuego, crees que en vez de huir / evitar, te enfrentarías a un delincuente armado?	2.5	1	
3. ¿Casi siempre llegas tarde o justo a tiempo para tus citas?	2	1	
4. ¿Ser víctima de la delincuencia es asunto de buena o mala suerte?	2	1	
5. ¿Tus ocupaciones te mantienen en tensión constante aun y cuando estás fuera del trabajo?	2	1	
6. ¿Con el entrenamiento adecuado y si se da la oportunidad, crees que tratarías de desarmar / quitar el arma a un delincuente?	2.5	1	
7. ¿Crees que el tener suerte es más importante que una actitud preventiva?	2	1	
8. ¿Si el delincuente porta un arma de fuego y aparenta tener 14 o 15 años (contextura delgada), tratarías de persuadirlo o enfrentarlo?	2.5	1	
9. ¿Al momento de un robo, buscarías la forma para esconder algún objeto de valor para evitar dárselo al delincuente?	2.5	1	
10. ¿A menudo usas el teléfono celular en la calle?	2	1	
TOTAL	22	10	

Según cada pregunta de la matriz, escoja la respuesta, SI o NO, que más se identifique con usted. Sea rápido al seleccionar su opción y marque la primera que se le pasa por la mente. Mientras más honesto con usted mismo en cada respuesta, más acertado será el resultado. Interpretación numérica en la siguiente página.

Matriz de Vulnerabilidad Hábitos y Conducta - Respuestas "SI"

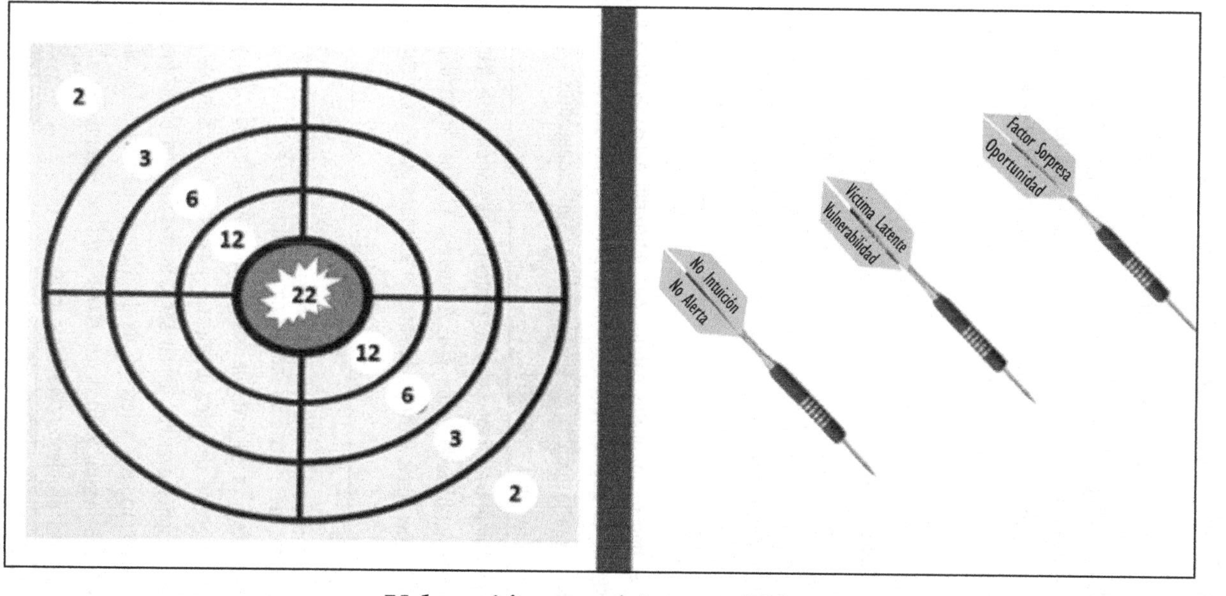

Valoración numérica en el Blanco:

A mayor puntaje en el blanco, Mayor vulnerabilidad = Mayor probabilidad de ser víctima de la delincuencia.

Probabilidad Respuestas "Si"

Baja de ser víctima	Media de ser víctima	Alta de ser víctima
0 – 2	2 – 12	12 – 22

Nivel de Vulnerabilidad
Definición y Criterio – Pregunta/Respuesta "SÍ"

Hábitos y Conducta
1. El que ha sido víctima de la delincuencia, es por dar la oportunidad, no estar en el nivel de alerta correcto y por no estar en sintonía con sus instintos naturales. A no ser que se tomen los correctivos y se entrene mental y físicamente para la prevención, su tendencia es el ser reincidente como víctima. El delincuente volverá a ver en la persona la misma vulnerabilidad a no ser que se tomen los correctivos.
2. El ciudadano común debe concientizarse en la prevención y evasión de peligros. El creer que portar un arma de fuego ya posiciona a una persona para poder enfrentarse a los delincuentes, es una forma de mostrar su vulnerabilidad y falta de respuestas evasivas tempranas, que resultaría ser lo más inteligente y apropiado. Por otro lado, la complejidad para enfrentarse a un delincuente tiene que ver con el entrenamiento mental y físico, el control de la adrenalina y saber que el delincuente, mayormente, opera en equipo o grupo.
3. La rutina diaria y el querer o el "deber" hacer las cosas de prisa y siempre tratando de ganar tiempo al tiempo, es uno de los malos hábitos que dificultan a las personas el poder ser observador y detallista de lo que les rodea. ¿Cómo se podría evitar ser víctima de robo o secuestro, cuando no hay espacio para la observación de eventos sospechosos y permitimos el factor sorpresa a nuestros posibles agresores?
4. El subconsciente aceptará como irrefutable y real cualquier sugestión que hagamos. La prevención es 90 % Prevención, 05% Reacción y 05% Suerte. El mostrarnos débiles en el tema de prevención, nos convierte en víctimas latentes, predispuestos a ser víctimas de la delincuencia.
5. Revisar la respuesta Nº 3
6. El peor momento para tratar de reaccionar de forma defensiva y evasiva es cuando el delincuente entra en acción ofensiva. Su nivel de adrenalina está en lo más alto y ya viene con plan en mente. Cualquier acción de pelea o defensa de la víctima escalará de inmediato el nivel de agresión. Las acciones evasivas deben ser tomadas cuando el delincuente aún está en el proceso de observación y selección de la víctima potencial. La observación, Intuición con el entrenamiento mental y físico son claves para no esperar por el problema. El asunto no es como salir del problema, sino como evitarlo.
7. Revisar la respuesta Nº 4
8. Revisar la respuesta Nº 6

9.	Cuando pensamos en ideas y sugestiones de cómo actuar en un momento de amenaza, con la activación del mecanismo de defensa natural y rápido actuar de la mente subconsciente, lo pensado y visualizado será lo que haremos. Pensar en burlar a un delincuente y jugar con la suerte, solo para proteger un objeto, no es lo más inteligente. Ante una situación de amenaza criminal, los objetos de valores que tengamos, deben ser nuestras herramientas de negociación y escudo para la solución del problema y la protección de nuestra integridad física. Tratar de engañar a un delincuente que ya me tiene sometido, es darle una excusa más para que nos agreda.
10.	El mostrarse descuidado y débil ante los ojos del delincuente que observa y reconoce a distancia la falta de alertas tempranas, de sus posibles víctimas, es lo que conforma el atractivo y la receta principal de un blanco fácil o como la mencionaremos en este libro, víctima voluntaria.

Matriz de Vulnerabilidad Hábitos y Conducta - Respuestas "NO"

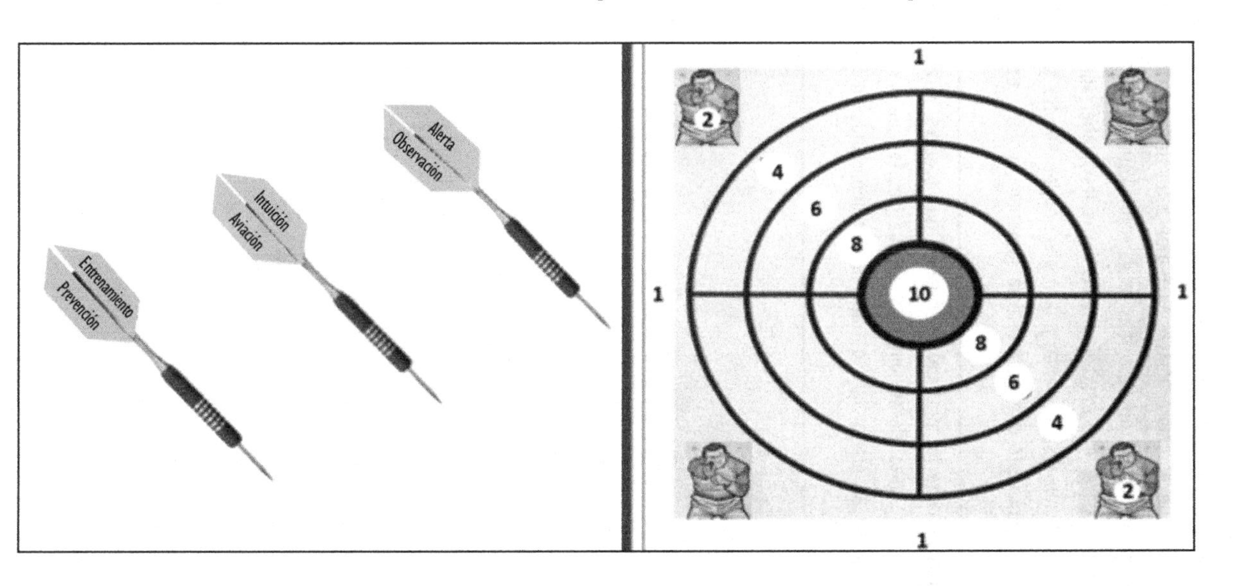

Valoración numérica en el Blanco:

A mayor puntaje en el blanco, Menor vulnerabilidad = Menor probabilidad de ser víctima de la delincuencia.

Probabilidad Respuestas "NO"

Baja de ser víctima	Media de ser víctima	Alta de ser víctima
10	9 – 5	4 – 1

Nivel de Vulnerabilidad
Definición y Criterio – Pregunta/Respuesta "NO"

Hábitos y Conducta
1. No ser víctima de la delincuencia es reflejo de buenos hábitos, nivel de alerta correcto y en sintonía con la prevención. No es un asunto de suerte, el delincuente descarta posibles víctimas según seguridad al caminar y nivel de alerta que nota en ellos.
2. El ciudadano común debe concientizase en la prevención y evasión de peligros. El tener que recurrir a un arma de fuego es más reactivo que preventivo. Un delincuente solo se acercará luego de haber observado a distancia a su potencial víctima, así que el trabajo del ciudadano común es detectar cualquier actitud sospechosa para evitarlo.
3. Las personas que tienden a llegar temprano a sus citas y ejercen control sobre sus horarios y rutinas diarias, son más detallistas y observadoras, que aquellos que siempre andan de prisa, tratando de ganar tiempo al tiempo. El ser planificado en asuntos de horarios, estar en el nivel de alerta correcto y estar en sintonía con la intuición, contribuye a que difícilmente puedan ser tomados por sorpresa.
4. El subconsciente aceptará, como irrefutable y real, cualquier sugestión que hagamos. El estar consciente de la importancia que es mantenerse en el nivel de alerta correcto, durante las rutinas diarias, ya nos posiciona dentro del grupo de los no vulnerables ante los ojos de un delincuente. 90 % Prevención, 05% Reacción y 05% Suerte.
5. Las ocupaciones no necesariamente deben interferir con nuestro sentido de seguridad preventiva. Cuando practicamos debidamente y logramos la concientización mental y física, las acciones preventivas se activarán al momento de requerirlo de forma subconsciente e intuitiva. Muy similar a la forma de conducir un auto donde no requerimos pensar para frenar o evadir cualquier obstáculo improvisto.

6. El asunto no es como salir del problema, sino como evitar el problema. Hay que enfocarse en detectar al delincuente cuando hace la observación de sus potenciales víctimas para lograr evitarle. Mientras más trabas le pongamos a un delincuente, más tiempo éste pasará con nosotros, aumentado así las probabilidades de agresión. El delincuente ya está concientizado para agredir a su víctima si es necesario, no hay que motivarlo a ello.
7. Revisar la respuesta Nº 4
8. Revisar la respuesta Nº 6
9. Cuando pensamos en ideas y sugestiones de cómo actuar en un momento de amenaza, con la activación del mecanismo de defensa natural y rápido actuar de la mente subconsciente, lo pensado y visualizado será lo que haremos. Así que lo primordial es reprogramar e instruir a nuestra mente subconsciente que ningún objeto de valor monetario o sentimental son más importantes que nuestra vida. Crear un sentido de no apego a los objetos y entregarlos al delincuente en protección de nuestra seguridad e integridad física es lo más inteligente y apropiado.
10. Es claro que el uso del celular desvía la atención de las personas y es más fácil para un delincuente que observa, tomar por sorpresa y robar el tan preciado objeto. El uso de celulares como el smartphone al final no nos hace tan "Smart".

ejercicios que aquí se presentan, les ense
ensa, pero relajad ***Mostrando seguridad en la calle*** pe
) para evitar atraerla como una especie de ley de la atracción, aquí
relajados pero alertas. Y para aquellos que ya están mentalizados y habitua
ridad como mecanismo primordial de prevención y defensa, sin llegar a los extremos de
aranoia o negación de l **Observación, Intuición y Reacción** aranoicos co
os temas de seguridad, la **bajo las siglas "OIR".** Prevenir que lamentar un delito
Ya no se trata de que hay que estar activo o atento en ciertas zonas o vecindarios. Ahora hay que estar
atentos los siete días de la semana, en cualquier lugar y a toda hora. Inclusive, se ha sabido de incidentes
de robo en las salas de cine y hasta en algunas iglesias. Lamentablemente, también tenemos que
eptar que las casas ya dejaron de ser también lograrás escuchar lo que no se dice. Según expertos, las
ulaciones y lenguaje corporal son 5 veces persona termina siendo víctima de la delincuencia porque lleg
El miedo es respuesta automática de tu mente y cuerpo al detectar una amenaza GANAR-GANA
e las personas no prestan atención al mundo que les rodea, ya sea por sus
simplemente, porque solo se enfocan en la rutina del día a día. La
prisa, y siempre tratando de ganar *Actitud positi*

Segunda Parte

Establecer una negociación de Ganar-Ganar. Menor daño físico posible - Delincuente huye con tus objetos personales

5. LA VULNERABILIDAD EN VÍCTIMAS POTENCIALES – VÍCTIMAS VOLUNTARIAS

Desde el inicio de la vida, el hombre ha tenido que aprender a auto protegerse de los peligros de la naturaleza (tormentas, vientos, oscuridad, plantas venenosas, calor, frío, etc.), y por supuesto, que del acoso desalmado de los animales depredadores también. Esto permitió que el ser humano, a lo largo de su existencia, desarrollara instintos naturales para superar cualquier amenaza, por más fuerte y violenta que fuese. Así que los genes del hombre ya vienen con un conocimiento, innato, en lo que a la supervivencia y autoprotección se refiere. La defensa está en cada uno de nosotros, solo hay que despertarla.

Como ya fue planteado en la primera parte, capítulo 4, ***Entusiasmo a Delinquir y la Vulnerabilidad de las Víctimas,*** Vulnerabilidad, es *"la cualidad que tiene alguien para poder ser herido"*. El no prepararte en materia de prevención del crimen, te convierte en víctima voluntaria, tolerando y facilitándole el trabajo a los delincuentes.

Estos son algunos elementos que, bajo mi concepto y experiencia, y luego de entrevistar a innumerables víctimas de robo, secuestro express, secuestro, entre otros delitos, conforman algunas de las actitudes de vulnerabilidad (no tienen orden específico).

- La rutina con falta de planificación del tiempo (siempre en apuro).
- Poca concientización de actitudes y hábitos preventivos.
- Aislarse de la realidad.
- La confianza o negación (*eso no me pasará a mí*).
- Subestimar al enemigo o el peligro.
- No poder reconocer a tiempo al enemigo.
- Estar en situaciones de riesgo sin percibirlo.
- No estar en sintonía con la intuición.

Si te ves reflejado en una o varias de esas actitudes de vulnerabilidad, es mejor que hagas los correctivos al respecto; ahora sabes que no es asunto de si va a ocurrir o no, el asunto es cuando. Al igual que si alguna de esas líneas se adapta al patrón de familiares o seres queridos, es momento de alertarles.

Seguramente has escuchado las siguientes razones dadas por conocidos que han sido parte de incidentes de seguridad. Algunas de las más comunes compartidas por personas entrevistadas, luego de ser víctimas de la delincuencia:

- ¡Nunca me había pasado nada!
- ¡Siempre estoy pendiente, pero hoy no sé qué me paso!
- ¡No sé de dónde salió el ladrón!

- ¡Cuando lo vi, ya era muy tarde!
- ¡Noté algo raro, pero no creí que me iban a robar!
- ¡Me agarraron desprevenido!
- ¡Estaba descuidado dentro del carro!
- ¡Al verlos, yo sabía que me iban a robar!
- ¡Creí que se trataba de un juego!

En su gran mayoría, los delitos cometidos por el delincuente común son delitos de vulnerabilidad y oportunidad brindada por sus víctimas. Como ya he mencionado anteriormente, el delincuente, en su trabajo minucioso de vigilancia u observación, logra detectar e identificar a su víctima potencial ya sea por el tipo de ropa que viste, auto que conduce, actitud insegura de cómo camina y actúa, espacio por donde transita y qué tan pendiente está de sus alrededores.

La buena observación del delincuente, a una distancia prudente, le ayuda a notar quienes cuentan con el factor preventivo (estar alertas) y quienes se muestran débiles ante un abordaje repentino de quien los acecha.

Una vez conocedor, de la vulnerabilidad de su víctima potencial, el delincuente evalúa la oportunidad de cuándo y cómo atacar bajo el factor sorpresa. Esta decisión de cuándo actuar, está también directamente ligada al control y la seguridad que pueda ejercer, el antisocial, sobre el lugar donde va a cometer su fechoría (la huida debe estar libre de improvistos).

Por lo tanto, el delincuente realmente busca y decide actuar basado en la vulnerabilidad y oportunidad brindada por su víctima seleccionada; plan de huida entra en el segundo plano, pero igual de importante en la planificación.

El delincuente nunca actúa solo y la banda puede aumentar, según la dificultad del lugar donde van a operar y objetivo de la acción criminal. Es oportuno mencionar aquí, que el efecto de visión de túnel generado por la adrenalina limita la visión amplia para reconocer y percatarse de otras amenazas u otros delincuentes que estén próximos. Solo la preparación mental y física te traerá a tono con los efectos de la adrenalina. Aquellas personas que optan por portar un arma de fuego, como medida reactiva ante la delincuencia, deben estar muy claros en este efecto y las consecuencias de sacar a relucir un arma sin contar con la preparación adecuada.

Volviendo al tema de la vulnerabilidad, esta es la que atrae o llama la atención inicial del delincuente y este análisis lo lleva a cabo el delincuente a una distancia prudente, a través de la observación. La oportunidad en sí, es la pieza clave que requiere el antisocial para poder ejecutar su acto delictivo. Por lo tanto, podemos decir que el delincuente busca la oportunidad más que a su víctima como tal.

Entendiendo ahora como trabajan los delincuentes en la calle, ellos requieren de tres elementos para abordar y controlar a su víctima:

- Observar y reconocer la vulnerabilidad de su víctima,
- Estudiar la oportunidad para el abordaje, basado en el factor sorpresa, y
- Contar con ambiente controlado para la huida.

A tu favor y al del ciudadano común, que no quiere figurar en la larga lista de víctimas de la delincuencia, los tres elementos del delincuente para abordar y controlar a su víctima pueden ser controlados y neutralizados con:

- El sentido de la vista aguda, o mejor dicho ser observador,
- Estar atento a los riesgos que te rodean y,
- Prestar atención a la alarma intuitiva, la que te dirá que debes moverte

La mejor defensa para prevenir ser secuestrado es, no estar allí cuando ocurra el incidente.

También quiero recalcar, que el mejor momento para reaccionar y evadir el peligro, es cuando el delincuente aún está haciendo su estudio de vulnerabilidad o descarte. Y el peor momento para reaccionar, es cuando el delincuente entra en ataque o acción ofensiva. Ese es un momento de mucha adrenalina por parte del delincuente; ya trae su plan en mente y cualquier acción defensiva / ofensiva que quieras aplicar, podría terminar en violencia extrema.

Cuando el delincuente te dice quieto, es ¡QUIETO! Cada escenario es distinto, pero a no ser que veas la necesidad de tomar medidas extremas y a sabiendas que todo estará a tu favor, la mejor salida será un ganar–ganar, que el delincuente se retire lo antes posible y sin que la situación escale a daños y lesiones físicas o en el peor de los casos, homicidio.

Según estudios, en materia de victimización, las consecuencias de ser víctima de la delincuencia no están solo ligadas a la pérdida o daños de objetos, las consecuencias del acto criminal están directamente vinculadas también al nivel de violencia sufrido.

Revisión y Test sobre Lectura

La vulnerabilidad en víctimas potenciales - víctimas voluntarias

1.. Víctima voluntaria es:

a. Quien es tomada por sorpresa.

b. Quien tolera y facilita el trabajo a los delincuentes.

c. Quien no es observador.

2. Las siguientes son algunas actitudes que conforman el estado de vulnerabilidad:

a. No poder reconocer a tiempo al enemigo.

b. La rutina con falta de planificación del tiempo.

c. La confianza o negación *(no me pasará a mí)*.

d. Todas las anteriores.

3. En su gran mayoría, los delitos cometidos por el delincuente común son delitos de vulnerabilidad y oportunidad brindada por sus víctimas.

Verdadero ☐ Falso ☐

4. Una vez conocedor de la vulnerabilidad de su víctima potencial, el delincuente evalúa la oportunidad de cuándo y cómo atacar bajo el factor sorpresa.

Verdadero ☐ Falso ☐

5. El delincuente nunca actúa solo.

Verdadero ☐ Falso ☐

6. El mejor momento para reaccionar y evadir el peligro es:

a. Justo antes del abordaje del delincuente.

b. Cuando el delincuente nos confronta.

c. Cuando el delincuente aún está haciendo su estudio de vulnerabilidad o descarte.

7. El poner resistencia al delincuente, no necesariamente escalará la situación de violencia.

Verdadero ☐ Falso ☐

(Las respuestas correctas del texto las encuentras en la página 143)

Matriz para Determinar Nivel de Vulnerabilidad DELINCUENCIA COMÚN	Vulnerabilidad según puntaje		
En el Auto / Conduciendo	SI	NO	N/A
1. ¿En ocasiones te consigues manejando en automático. No recuerdas como llegaste a tu destino?	2	1	
2. ¿Usualmente al momento de conducir, aprovechas para hacer llamadas desde el celular?	2	1	
3. ¿Escenifica este el orden de acciones al estacionarte? (a) Apagas el auto, (b) agarras tus pertenencias y al bajarte, (c) te pones en alerta por si alguien pueda estar cerca de ti.	2	1	
4. ¿Si al aproximarte a tu auto, ves a un desconocido (contextura delgada, solo y sin arma de fuego) que está tratando de abrirte el auto, tratarías de someterlo o detenerlo?	2.5	1	
5. ¿Casi siempre llegas tarde o justo a tiempo para tus citas?	2	1	
6. ¿Colocas tu cartera, bolso o maletín a la mano sobre el asiento para lograr bajarte más de prisa del auto?	2.5	1	
7. ¿En ocasiones, cuando debes recoger a alguien o cuando esperas por un puesto de estacionamiento, frenas por completo quedando estático y te quedas dentro del auto?	2.5	1	
8. ¿Crees que te pueden asaltar o robar aun cuando el auto esté en movimiento?	2	1	
9. ¿Crees que estando alerta o no, te pueden robar? ¿Es asunto de tener suerte?	2	1	
10. ¿Si tratan de robarte el auto y ves la oportunidad de desarmar o atacar al ladrón, lo harías?	2.5	1	
TOTAL	22	10	

Según cada pregunta de la matriz, escoja la respuesta, **SI** o **NO**, que más se identifique con usted. Sea rápido al seleccionar su opción y marque la primera que se le pasa por la mente. Mientras más honesto con usted mismo en cada respuesta, más acertado será el resultado. Interpretación numérica en la siguiente página.

Matriz de Vulnerabilidad. En el Auto / Conduciendo - Respuestas "SI"

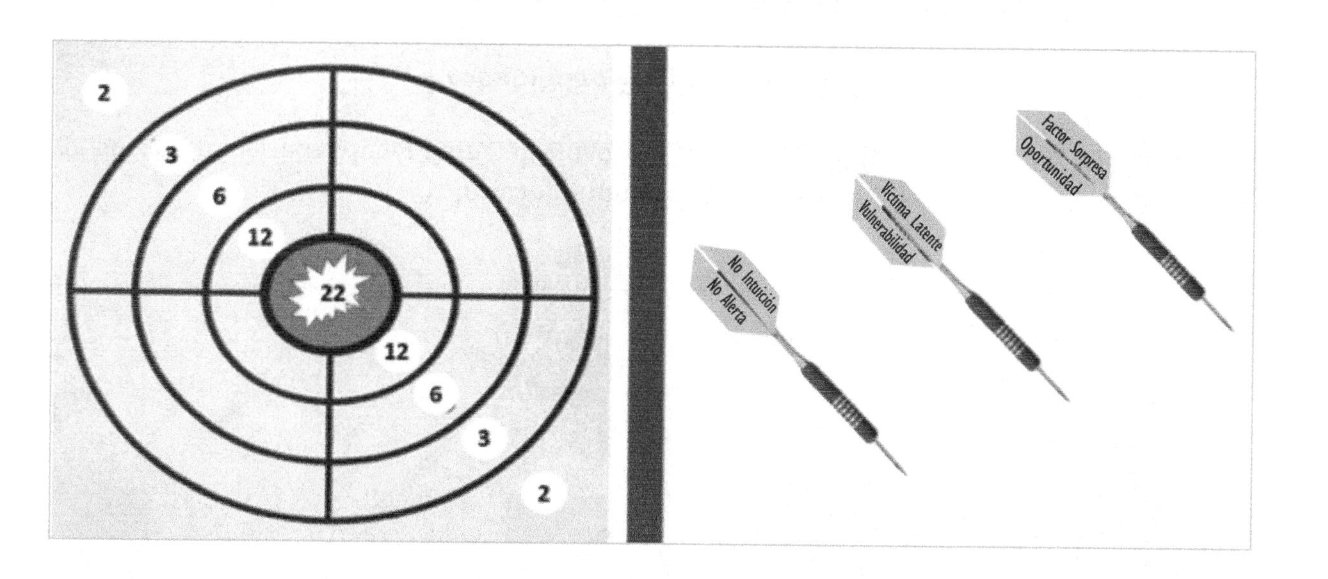

Valoración numérica en el Blanco:

A Mayor puntaje en el blanco, **Mayor vulnerabilidad** = **Mayor probabilidad** de ser víctima de la delincuencia.

Probabilidad Respuestas "Si"

Baja de ser víctima	Media de ser víctima	Alta de ser víctima
02-04	15 – 12	13 – 22

Matriz de Vulnerabilidad. En el Auto / Conduciendo - Respuestas "No"

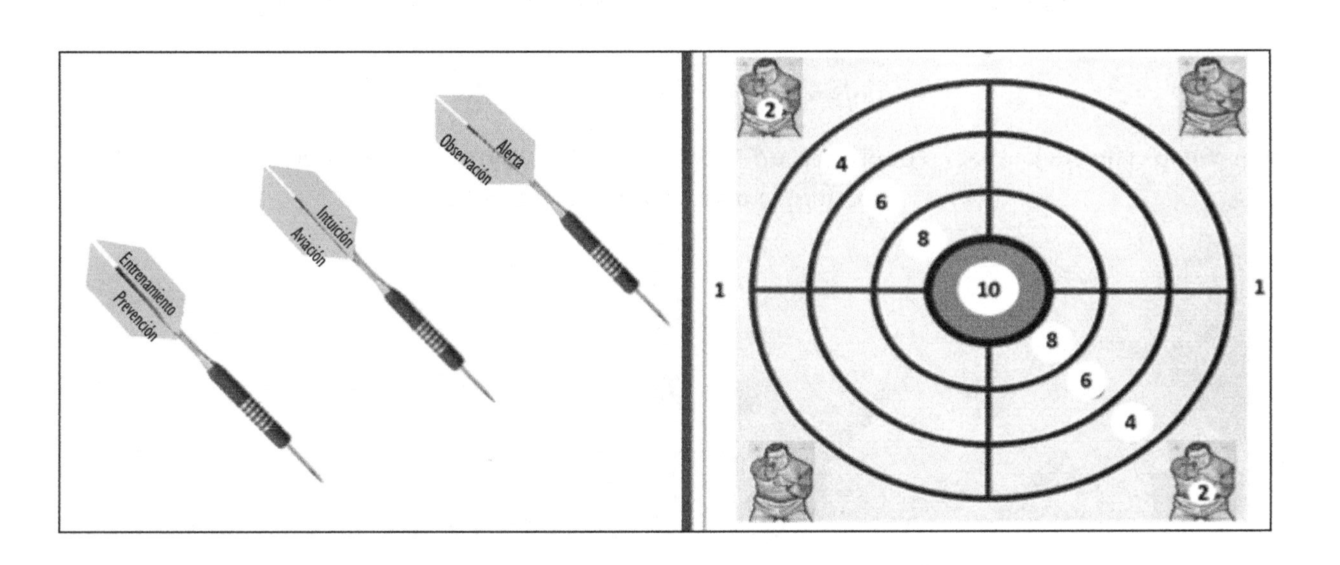

Valoración numérica en el Blanco:

A Mayor puntaje en el blanco, **Menor vulnerabilidad** = **Menor probabilidad** de ser víctima de la delincuencia.

Probabilidad Respuestas "No"

Baja de ser víctima	Media de ser víctima	Alta de ser víctima
10	9 – 5	4 – 1

6. Importancia del Lenguaje Corporal en la Prevención del Crimen

Los que se dedican a robar o secuestrar, entre otros delitos, son personas comunes y corrientes, de cualquier estatura, contextura y sexo; y es lamentable decirlo, pero también pueden ser de edades muy tempranas, 12, 13, 14 años en adelante. Así que aprender a reconocerlos a distancia por sus posturas, forma de caminar, forma de observar y prestando atención a su lenguaje corporal, por medio de tu observación e intuición, te ayudará a evitarlos antes que te quieran tomar por sorpresa.

Estudiosos del lenguaje corporal sostienen que los mensajes corporales o gesticulación, son 5 veces más fuertes que lo dicho verbalmente. Así que, durante una conversación, las palabras deben ser cónsonas con el lenguaje corporal, de lo contrario, de inmediato se reflejará una discrepancia o mentira en lo que trata de expresar el interlocutor.

Las personas somos capaces de registrar micro expresiones de forma subconsciente. Es así como se explica que, en ocasiones, solo con observar a alguien, sientes o intuyes sentimientos encontrados de confianza o desconfianza hacia esa persona.

A no ser que una persona se dedique al tema de lectura corporal y al análisis de las expresiones de los músculos faciales, no es necesario saber al detalle o querer leer cada expresión y rasgos de un interlocutor, para desenmascarar una posible intención oculta.

La intuición y el escuchar bien lo que no se dice verbalmente, durante una conversación, te dará de forma automática, un buen sentido de confianza o desconfianza sobre quien te dirige la palabra.

Por lo tanto, el trabajo de la lectura de las micro expresiones y rasgos musculares de la cara, unidos al lenguaje corporal, es otra de las funciones de tu poderoso subconsciente.

Consecuentemente, es necesario hacerte sensible y estar en sintonía con las señales o alarmas intuitivas para reconocer que hay una situación irregular y que debes tomar tus precauciones al respecto.

Si experimentas una situación determinada y de inmediato sientes una sensación de ansiedad o temor extraño, es porque tu subconsciente ya ha pasado por un largo, pero muy veloz proceso de reconocimiento. Cuando la alarma de emergencia interna se activa, es necesario que le prestes atención inmediata. Si no le haces caso, y te adentras a un proceso de razonamiento y cuestionamiento, para tratar de buscarle una lógica a lo que se intuyó, termina siendo un grave error en la actitud preventiva.

Cuando el tema se trata de los delincuentes acechando tu seguridad e integridad física, cada milésima de segundo cuenta.

Así como el salvavidas que, desde su torre de observación, suena su silbato de alarma para alertarte de algún riesgo (zona de corriente de resaca, tiburón, etc.); pero luego, queda en tus manos atender de inmediato al silbato o hacer caso omiso al llamado de atención. Así funciona nuestra alarma interna, si no estamos en sintonía con nuestro instinto intuitivo del cuerpo humano, haremos caso omiso en cada alerta que este nos de.

Para ejemplificar mejor la importancia de la lectura corporal y la intuición, revisemos los siguientes escenarios:

- Si estás a la espera de alguien que salió de una entrevista de trabajo, y notas que la persona se aproxima a distancia, con pasos cortos, con desgano al caminar, sus manos en los bolsillos, su cabeza y hombros caídos. ¿Qué le dirías al acercarse? ¿Cómo crees que le fue en su entrevista?
- Si por el contrario, a distancia ves a esta misma persona caminando con pasos largos y sincronizados con el movimiento de sus brazos, hombros derechos y rígidos, cabeza en alto con mirada larga y una leve sonrisa en su cara. ¿Qué le dirías? ¿Cómo crees que le fue en su entrevista?
- Estás en una tienda y de pronto observas a distancia a dos personas que aparentemente están juntas. Una de ellas vistiendo un casco de moto y la otra con lentes oscuros puestos y que, sin mediar palabras entre ambos, solo ven a todos lados sin fijar la mirada a nada ni a nadie en específico. De pronto, las personas cruzan la mirada contigo y te la evaden de inmediato. Luego se separan y caminan un poco por la tienda, pero a cada momento, hacen notar entre ellos donde están ubicados, no se mantienen estáticos en ningún lugar hasta que ambas personas se hacen seña a distancia de que hay que irse. ¿Qué crees que está sucediendo? ¿Cuál será la intensión de estas personas? ¿Cómo reaccionarías al presenciar una situación similar?

La primera idea que te resultó de esta última narrativa fue producto de tu subconsciente que logra transportarte de inmediato a la situación y las subsiguientes ideas; si quizás trataste de justificar mentalmente y buscar lógica a cada acción de los sospechosos, es producto de tu mente consciente. Como podrás notar, tu subconsciente te lleva a la situación y razonas algunas incongruencias que podrían estar relacionadas a un peligro o amenaza. Pero al final, solo tú puedes, y debes, tomar la decisión de evadir o esperar a ver qué sucede.

Entonces, ¿cómo podríamos reconocer a posibles delincuentes a distancia?

"El que la debe, la teme", y por ello los delincuentes en cacería se reconocen por acciones como:

- Ven a todos lados sin fijar la vista en algo o alguien en específico.
- Comúnmente, buscan colocarse en lugares donde no les puedan llegar por la espalda o que sean tomados por sorpresa.
- Suelen evitar el quedarse estáticos por mucho tiempo en un mismo punto.
- Su actitud y lenguaje corporal los hacen lucir extremadamente alertas ante lo que sucede a su alrededor; "ojean" a quienes van a su paso y siempre esquivan la mirada de quienes podrían ser sus posibles víctimas.
- El delincuente, cuando observa con la intensión de actuar en un momento determinado, nunca podrá asumir una postura de completo relax y por consiguiente, su cuerpo mantendrá postura tensa y con señas de estar preparado para moverse de forma rápida.
- Por otro lado, la mente presta mayor atención a las manos, en comparación a otras partes del cuerpo. Así que en momentos de cierto estrés, el delincuente no puede tratar de lucir relajado cuando las manos y sus dedos están en constante

movimiento. ("*The Psychology of Nonverbal Communications,*" Kindle Edition)

Existen diversas señas corporales que también pueden demostrar cuando una persona no es de fiar. Aquí solo haré mención de expresiones faciales que te permiten reconocer irregularidades o que te deben poner en estado de alerta. Son conclusiones de estudios, a lo largo de varios años, de la kinésica dirigidas por el psicólogo, Paul Ekman, que revelan algunas pruebas de falsedad según expresiones y movimientos de los músculos de la cara.

- Expresiones rápidas/micro expresiones. Son gestos que cambian en la cara de una persona en menos de un segundo. Expresiones en el rostro que muestran el cambio de un sentimiento o sensación de alegría a tristeza o rabia en segundos, y que solo son leídas por nuestro subconsciente. Allí es donde intuyes que algo no está bien.
- Suprimir o evitar expresiones. Son ademanes que ocurren de forma genuina, pero que son coartadas de inmediato para evitar mostrar sentimientos reales. Estas expresiones son más constantes que las anteriores y por ello más fácil de detectar.
- Músculos faciales dependientes. Estos son músculos de la cara, de los cuales se tiene muy poco control. Las personas pueden simular algo, pero los músculos de la cara no irán acorde con lo que se pretende aparentar. Por ejemplo, cuando se sonríe de forma espontánea, no ficticia, se muestra simetría en los extremos de los labios donde se extienden, ambos suben su posición; se crean arrugas en las esquinas de los ojos y se forman bolsas bajo estos, al mismo tiempo que los parpados bajos suben un poco, respondiendo a que los cachetes suben y se compactan. En una sonrisa no ficticia, el tiempo de duración y flexibilidad de los rasgos es el correcto, no muy corto, no muy largo, es cuestión de intuición.

¿Qué opinas de esta sonrisa?

Puntos claves para la lectura del lenguaje corporal

a. Pon atención a las gesticulaciones y movimientos que no fluyan con el momento, el lugar y / o el mensaje verbal.

b. Observa todas las señales de comunicación como un grupo, sin tratar de enfocarte en algunos gestos en específico.

c. Mantente en sintonía con tu intuición. Si algo no cuadra, es porque seguramente hay algo mal en el ambiente.

Revisión y Test sobre Lectura

Importancia del lenguaje corporal en la prevención del crimen

1. ¿Cuáles forman parte clave para la lectura del lenguaje corporal?

a. Poner atención a las gesticulaciones y movimientos que no fluyan con el momento, el lugar y el mensaje verbal.

b. Observa todas las señales de comunicación como un grupo, sin tratar de enfocarte en gestos específicos.

c. Estando en sintonía con la intuición.

d. Todas las anteriores

2. El delincuente solo se puede reconocer al momento que actúa abordando a una persona.

Verdadero ☐ Falso ☐

3. Según estudios, los mensajes corporales o gesticulación son 5 veces más reveladores que las palabras verbales.

Verdadero ☐ Falso ☐

4. No cualquier persona puede ser capaz de registrar micro expresiones de un interlocutor de forma subconsciente.

Verdadero ☐ Falso ☐

5. La intuición y escuchar bien lo que no se dice verbalmente, durante una conversación, te dará de forma automática un buen sentido de confianza o desconfianza sobre quien te dirige la palabra.

Verdadero ☐ Falso ☐

6. ¿Cuál(es) de las siguientes es la actitud de un delincuente al asecho?

a. Ver a todos lados sin fijar la vista en algo o alguien en específico.

b. Evitar quedarse estático por mucho tiempo en un mismo punto.

c. La actitud y lenguaje corporal, lo hace lucir extremadamente alerta a lo que sucede a su alrededor y siempre con mirada esquiva de quienes podrían ser sus posibles víctimas

d. Todas las anteriores

Verdadero ☐ Falso ☐

(Las respuestas correctas del texto las encuentras en la página 143)

7. Importancia del Factor Distancia en la Prevención del Crimen

"Antiguamente, los guerreros expertos se hacían a sí mismos invencibles en primer lugar, y después aguardaban para descubrir la vulnerabilidad de sus adversarios."

Sun Tzu

En materia de robo, secuestro express y secuestro, entre otros delitos cometidos por la delincuencia común, el mejor momento para que reacciones y actúes de forma evasiva, es cuando el delincuente aún está haciendo el estudio de vulnerabilidad (vigilándote) o como también se le llama en el argot policial, haciendo "el descarte". Y el peor momento para evadir o huir, es cuando el agresor entra en ataque o acción ofensiva.

Lo que comenzaría con la intención de un robo (quitar pertenencias bajo amenaza), podría terminar en un homicidio o lesiones físicas graves. Así que, cuando se trata de delincuencia, la mejor estrategia para no ser víctima no está en cómo salir de una situación de peligro; sino en cómo no estar allí en el momento que vaya a ocurrir.

Aquí hablaremos de varios puntos que te darán ventaja sobre el delincuente común. Como ya lo he mencionado anteriormente, el delincuente comienza su actividad de vigilancia y búsqueda de víctimas potenciales a distancia; y esa distancia, al igual que el lenguaje corporal adoptado y su necesidad de pasar por desapercibido, los hace plenamente notorios si utilizas la observación y escuchas tu instinto.

El increíble cuerpo humano te da otra herramienta, de gran valor preventivo, el cual está conectado con el espacio o "zona personal invisible". Un desconocido que pasa de la llamada zona pública (3 metro +) a nuestra zona personal (30 cm a 1 metro), de inmediato nos levanta la alerta por un sentir intuitivo de invasión de espacio.

Entendiendo un poco más la importancia de la distancia o las zonas de espacio invisibles, aceptados inconscientemente por las personas, te hago mención de las 5 zonas de espacio descritas en el libro, *Lenguaje Corporal* (*Body Lenguage by David Lambert*), donde se hace mención de investigaciones realizadas por estudiantes sobre la conducta humana.

Estas zonas están descritas de la siguente manera:

1. Zona íntima cercana (0 a 15 cm), solo para la pareja del individuo, amigos muy cercanos o familia.
2. Zona íntima (15 a 30 cm), solo para la pareja, amigos cercanos, familiares. Zona no de extraños.
3. Zona personal (30 cm a 1 metro), distancia aceptada cuando se establece o existe cierta confianza.
4. Zona social (1 metro a 1 ½ metro), esta zona es común durante interacciones de negocios o fiestas.
5. Zona pública (3 metros +), distancia mínima entre un orador y primera fila de asientos.

Las 5 Zonas de Espacio Personal

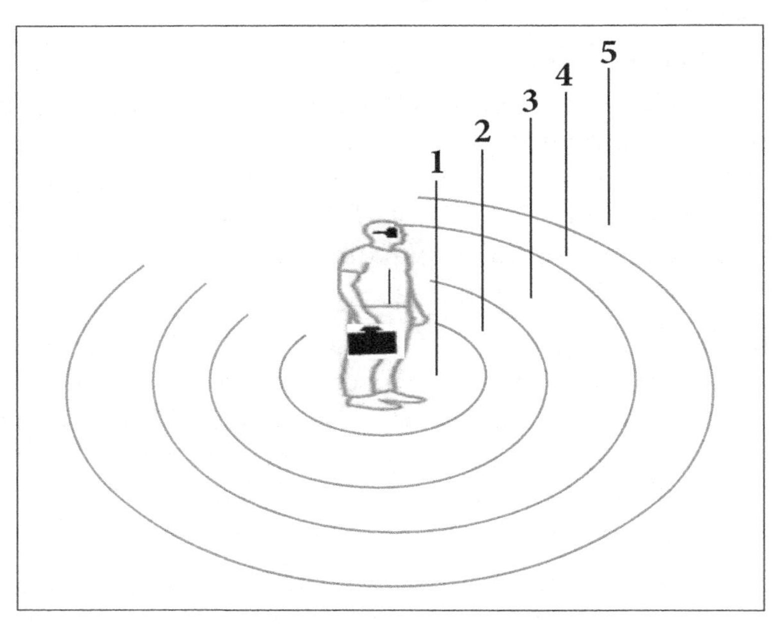

Ahora, ¿cuál es la importancia de la distancia en el tema de la delincuencia? El delincuente, a distancia, logra ver todo sin levantar sospechas o por lo menos así lo trata de hacer. Esa distancia de observación del delincuente siempre estará bajo condición del espacio o lugar donde se cometerá el delito.

"Un verdadero maestro de las artes marciales vence a otras fuerzas enemigas sin batalla".
Sun Tzu

Por ello, si eres observador de lo que te rodea, especialmente a las personas, y te haces sensible a tu interior, prestar atención al sexto sentido o **Intuición** (del latín in y tueri = mirar hacia adentro), la distancia entre tú y un delincuente que te vigila, siempre estará a tu favor. Así que la intuición, podemos catalogarla como una alarma personalizada interna que solo la podrás percibir o escuchar si estás alerta y en sintonía con tus instintos.

Distancias estimadas para vigilancia y posterior abordaje del delincuente a su víctima

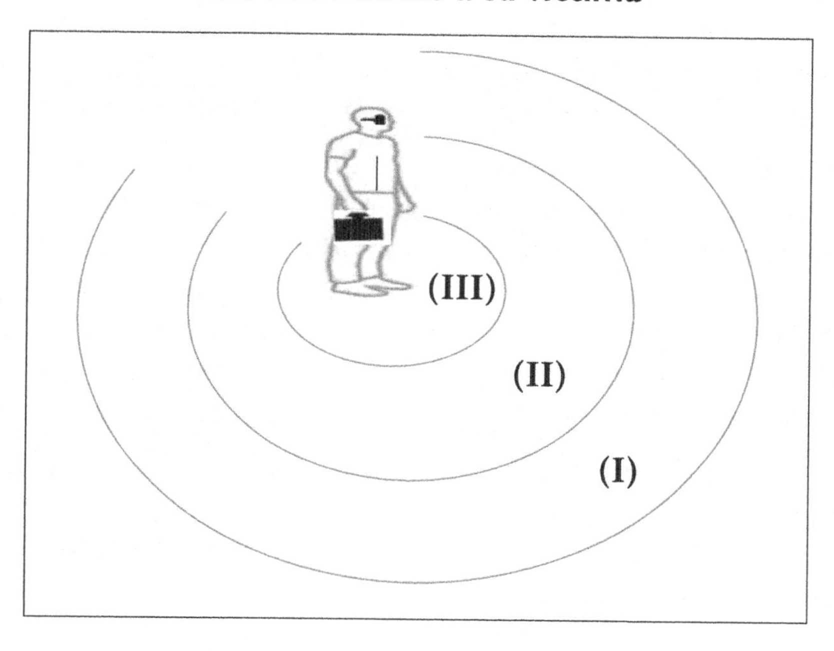

III

- Abordaje y control de la víctima 3, 2, 1 metros

¡Quieto es quieto! Peor momento para huir o evadir al delincuente

II

- Delincuente se decide al abordaje y se desplaza contando con factor sorpresa - 5, 3 metros

Se puede evadir / huir solo si el delincuente no ha sacado el arma de fuego

I

- Distancia de vigilancia
- Esta varía según lugar (concurrido o no) 20,15,10, 5 metros.
- Distancia para observar vulnerabilidad y estado de alerta de las personas

Mejor momento para evadir y huir de la amenaza

Acostumbrarte a ser observador e intuitivo, para lograr la preparación adecuada en materia de detección de amenazas, y posterior evasión de estas, no es fácil. Quizás es más sencillo no prepararte y dejar todo a la buena de Dios, y de la suerte, que te acompañe al momento de caer víctima de la delincuencia.

Cuando hablamos en términos de distancia y respuesta ante situaciones de amenaza, no podemos pasar por alto, o mejor dicho, debemos considerar un tema académico de instrucciones policiales en los Estados Unidos, el cual se le conoce como: *Regla de los 21 pies (Tweenty-One Foot Rule)*, la cual fue desarrollada por John Tueller, un instructor de tiro de la policía de Salt Lake City en los Estados Unidos.

El punto principal sobre esta regla es que una persona que está a 21 pies (6.4 metros) de distancia de un oficial de policía, y que tiene planeado agredir al oficial con un objeto tipo cuchillo, podrá desplazarse hasta el policía y herirlo en el transcurso que le tome al policía identificar la amenaza y desenfundar su arma. A una persona promedio le toma aproximadamente 1.5 – 1.7 segundos recorrer la distancia de los 21 pies y a un policía promedio (ya conocedor o alerta de la amenaza) le toma desenfundar su arma e impactar dos veces en centro de masa (pecho del atacante) 1.5 segundos. Un oficial con mayor agilidad en el desenfunde y accionar del arma, con dos disparos efectivos a centro de masa, le toma 1.3 segundos. Estos resultados indican que un policía o cualquier persona que no esté sospechando sobre la amenaza y que su arma no esté lista para ser accionada (cartucho en la recámara), tendrá la desventaja sobre su atacante.

Este es un excelente punto para ser considerado por aquellas personas que optan por el porte de un arma de fuego como un blindaje total a su seguridad ante la delincuencia. Comúnmente, y según el entrenamiento mental y físico que pueda tener quien porta un arma para defensa, eso le puede fomentar una sensación ficticia de seguridad y por consiguiente, asumir un estado mental poco realista y orientado más a la reacción, que a la prevención.

A ciencia cierta, en el tema de la distancia entre un agresor y una víctima potencial, es difícil concretar qué distancia es muy corta; pero lo que sí está claro es que, a menor distancia, mayor la probabilidad de ser controlado o agredido por quien te quiera hacer daño. Es por esta razón que la mejor defensa de un policía, un escolta o ciudadano común portando un arma de fuego, no es el arma como tal, su mejor defensa es la observación, intuición y entrenamiento mental y físico de cómo reaccionar según el caso que se le presente. La mejor pelea es la que no ocurre y se evita.

REVISIÓN Y TEST SOBRE LECTURA

Importancia del sentido del factor distancia en la prevención del crimen

1. La mejor estrategia para no ser víctima:

a. Es contar con presencia policial en el lugar donde estás.

b. No está en cómo salir de una situación de peligro; sino en cómo no estar allí en el momento que vaya a ocurrir.

c. Salir de casa solo durante horas del día.

2. Si utilizas la observación y escuchas tu instinto, el delincuente quedará al descubierto durante su fase de vigilancia

Verdadero ☐ Falso ☐

3. La lectura del lenguaje corporal para identificar algunas actitudes, y posible estado emocional de las personas, no es efectiva cuando se trata de identificar a un delincuente.

Verdadero ☐ Falso ☐

4. El delincuente acecha y vigila a distancia para pasar por desapercibido y lograr evaluar de un grupo de personas, cuál es la más vulnerable.

Verdadero ☐ Falso ☐

5. La llamada zona personal invisible consta de:

a. El espacio más próximo a nosotros como individuos.

b. El espacio más lejano de nosotros como individuos.

c. Cinco zonas que actúan y ejercen efecto en la conducta humana.

6. Un policía o cualquier persona que no esté sospechando sobre una amenaza, a unos 7 metros de distancia, y que su arma no esté lista para ser accionada, tendrá la desventaja sobre su atacante.

Verdadero ☐ Falso ☐

(Las respuestas correctas del texto las encuentras en la página 143)

8. Las víctimas y sus malos hábitos

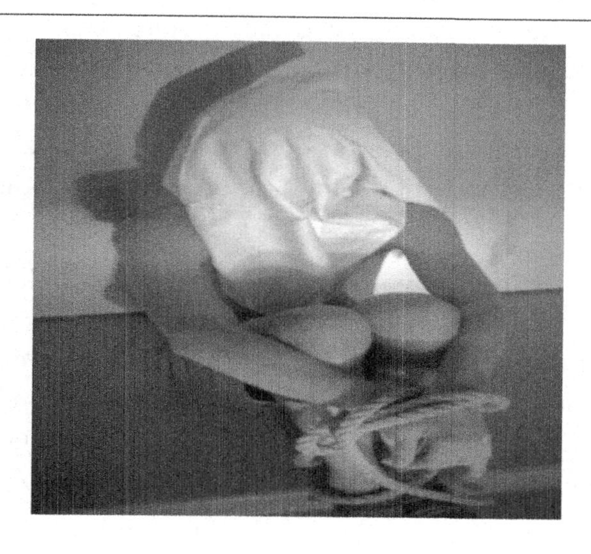

La problemática de la delincuencia y victimización, no es como estar en un avión que presenta fallas en el aire donde asumiendo la posición fetal, dejas todo en las manos del piloto. En el tema de la delincuencia y victimización, tú eres el piloto.

Dentro de los malos hábitos de las personas, debemos mencionar el permanecer en automático la mayor parte de su rutina. Así como no ser sensible u observador a lo que les rodea, y reaccionar de forma incorrecta, o impredecible, ante situaciones de riesgos.

Aun y cuando, hay casos donde el delincuente de forma deliberada agrede físicamente a sus víctimas, la tendencia es agredir a sus víctimas cuando éstas no colaboran o simplemente, ponen trabas durante el proceso de robo o secuestro. Tu objetivo primordial, es tener siempre a distancia al delincuente, detectarlo y evitarlo de forma oportuna. Sin embargo, también debes estar entrenado mentalmente en cómo deberás reaccionar en dado caso que un delincuente te confronte.

Cuando eres apuntado por un arma de fuego a poca distancia, y por supuesto, entendiendo que toda regla tiene su excepción, generalmente no es el momento para evadir, confrontar, ni mucho menos para tratar de proteger, ocultando, tus pertenencias. Bajo esa condición de amenaza inmediata, tratar de proteger objetos (reloj, anillos, cartera, celular, el auto, etc.) no garantiza tu integridad física, al contrario, sería aceptar el participar en el peligroso juego de la ruleta rusa, donde el desenlace sería pura cuestión de suerte y nada más.

Así que, si realmente valoras los objetos personales, ya sea por valor sentimental y/o monetario, la mejor forma de protegerlos es protegiéndote a ti mismo desde el primer momento. Más aún, utiliza los objetos como tu escudo, pero no seas tú el escudo de ellos. Lo más seguro es que los objetos se puedan recuperan a la larga, tu vida no.

Ahora miremos el asunto desde otro punto de vista y de forma objetiva. Para este fin, utilizaremos una de las técnicas de negociación compartida por Stephen R. Covey, en su libro, *Los 7 Hábitos de la gente altamente efectiva.*

Llevemos el concepto a una negociación entre, tú, como persona que tienes grandes aspiraciones y metas en la vida, vs un delincuente que vive el día a día y que no tiene nada que perder en sus andanzas. Cuando te ves frente a ese delincuente que te toma por sorpresa y te apunta con un arma de fuego, difícilmente estarás en la opción: "ganar - perder" (tú ganas y el delincuente pierde), lo más seguro es que estés en la opción: "perder - ganar" (tú pierdes y el delincuente gana). Por ello, la solución óptima o el escenario ideal para ti, como víctima en ese momento, será establecer una negociación de "ganar - ganar", (ambas partes logran el cumplimiento de los objetivos dentro de sus expectativas); tú logras salir con el menor daño físico posible y por supuesto, con vida, y el delincuente se lleva los objetos.

El real impacto y estrés que ocasiona una agresión criminal en una persona es verdaderamente complejo de establecer. Según estudios en materia de victimización, las consecuencias no están solo ligadas a la pérdida o daños de objetos o lesiones físicas.

Las consecuencias de ser víctima de la delincuencia generan importantes traumas emocionales y familiares, y hasta en lo laboral; por consiguiente, afecta todos los aspectos de la vida de quien se convierte en víctima

Los efectos negativos del acto criminal van más allá, están directamente ligados al nivel de violencia sufrido; al impacto sicológico y emocional padecido por las víctimas; a la reacción de la familia y del medio social donde la persona se desenvuelve. Esto sin entrar en el tema de lo que se denomina la doble victimización, que refiere a la también traumática experiencia durante la atención y respuesta por parte de los entes e instituciones responsables de asistir a las víctimas de actos criminales.

Dando una mayor perspectiva de lo traumático y difícil que es olvidar experiencias al caer en las manos de la delincuencia, las personas limitan de forma radical (momentánea, temporal o permanente), sus actividades sociales y cambian sus patrones de vida, donde la sombra del delincuente, y en ocasiones acompañada ésta con tic nerviosos, pasan a conformar la personalidad de quien fue víctima. Sin dejar a un lado que estas consecuencias también resultan hasta en la búsqueda de nuevos horizontes; el emigrar de un país, como forma evasiva, empujados por el miedo a la inseguridad y sus malos recuerdos.

En caso de que no lo hayas vivido en carne propia, entendiendo ahora lo traumático que es ser víctima, y estando claro sobre los atributos del cuerpo humano para ser efectivo en tu autoprotección; ahora es tú responsabilidad ser diligente en las acciones, evitando a toda costa eventos de peligro que te pueden ocasionar daños irreversibles. No se puede seguir delegando la responsabilidad de la seguridad personal a los cuerpos policiales, a la suerte y mucho menos, desestimar el instinto de defensa que alberga en ti.

> ***"La invencibilidad está en uno mismo,***
> ***la vulnerabilidad en el adversario".***
> *Sun Tzu*

Como ya lo hemos mencionado, aprender a ser observador consta en que fijes la vista en personas, lugares y objetos por escasos segundos y dar paso a la libre intuición. Aprender a ser observador es solo cuestión de tiempo y práctica. Esta comunicación interna, sencilla y muy rápida, nos retumbará de inmediato si algo está fuera de lugar. Escuchar la voz interna de lo que intuimos sin asumir o tratar de buscar lógicas a lo que nuestra *alarma interna* nos dicta, es factor importante en la prevención del crimen.

El estar alerta y ser observador no se puede confundir con paranoia o síntomas de persecución. Al contrario, estar atentos, ser observadores e intuitivos nos brinda la sensación interna de mayor control sobre el ambiente que nos rodea y también nos permite advertir cualquier situación de riesgo en un simple abrir y cerrar de ojos. De la misma manera que al disponernos a pasar de una acera para otra, de forma automática vemos hacia ambas direcciones. También conduciendo un auto, estamos atentos (alerta relax) a los otros vehículos, semáforos, motorizados, peatones, esquinas, fallas en el asfalto, etc. Así mismo, en materia de *seguridad preventiva,* debemos mantenernos atentos (alerta relax) y en sintonía con los posibles riesgos o amenazas que podría haber en nuestro entorno.

Algunos ejemplos donde algo extraño (intuición) nos dice que algo no está bien:

- Caminas en dirección a tu auto y observas un carro que viene en tu dirección, con pasajero al frente y quizás otro en el asiento de atrás. Observas que te evaden la mirada directa y han reducido la velocidad. ¿Qué harías?
- Vas de visita a casa de familiares en la noche y observas un vehículo estacionado en la acera del frente con las luces apagadas, pasajeros a bordo, viendo en todas las direcciones. ¿Qué harías?
- Sales de un restaurante y observas a una persona, aparentemente, hablando por celular, caminando de un lado a otro, pendiente de lo que sucede a su alrededor y con mirada evasiva. Algo te dice que la persona no está hablando con alguien por el celular. ¿Qué harías?

Ya hemos conversado sobre el valor agregado que nos da el poder de la observación a través de la vista afinada y la importancia de la intuición, sexto sentido o corazonadas. Ahora como próximo tema, analizaremos otra gran herramienta que se llama el subconsciente o disco duro de la mente cuando lo comparamos con una computadora.

REVISIÓN Y TEST SOBRE LECTURA

Las víctimas y sus malos hábitos

1. ¿Cuál de las siguientes es una mala recomendación, al momento de un robo donde te apuntan con un arma de fuego?

a. Esconder objeto de valor (reloj, anillos, cartera o celular) si tienes la oportunidad.

b. Tirarle tus objetos de valor al delincuente para un lado y tú correr para el otro.

c. Ofrecerle al delincuente más de lo que te exige, para que te trate bien.

d. Todas las anteriores.

2. Cuando tu estás frente a un delincuente, y debes actuar como negociador, el escenario ideal es lograr establecer un "ganar - ganar".

Verdadero ☐ Falso ☐

3. Tratar de burlar a un delincuente cuando ya te tiene apuntado con un arma de fuego podría aumentar el chance de una negociación "perder - ganar".

Verdadero ☐ Falso ☐

4. Las consecuencias del acto criminal están directamente ligadas al nivel de violencia sufrido, a las padecimientos sicológicos y emocionales de la víctima, entre otros.

Verdadero ☐ Falso ☐

5. La doble victimización es:

a. Cuando te roban el auto dos veces el mismo día.

b. Cuando son dos delincuentes los que te victimizan.

c. Las consecuencias que se sufren al reportar un incidente ante los entes o servicios de respuesta para víctimas.

6. De la misma forma como se conduce un auto, en estado "alerta pero relajado", cualquier persona puede cuidar de su seguridad, sin caer en estado de "paranoia o pánico".

Verdadero ☐ Falso ☐

(Las respuestas correctas del texto las encuentras en la página 143)

9. La Mente Subconsciente y Mente Consiente en Materia de Seguridad Preventiva

Como lo avalaría cualquier instructor de cuerpos policiales, o fuerzas especiales, de cualquier parte del mundo, para asegurar siempre la mejor acción, al responder a una amenaza o situación de riesgo, se requiere de la debida preparación y entrenamiento (mental y físico).

En materia de seguridad personal, esta preparación comienza con la concientización de riesgos varios y ejercicios mentales aplicando medidas preventivas y persuasivas. Esta es la clave para influir de forma positiva al subconsciente o disco duro de la mente. Al alimentarlo con posibles respuestas de cómo actuar, ante distintos escenarios (personas sospechosas, robo, secuestro exprés, secuestro, balaceras, etc.) este nos estimulará a resolver la situación de forma automática como un reflejo, sin perder tiempo.

El subconsciente solo acepta como verdadero, lo que se le presente como una convicción y nunca con ideas vagas ni irreales.

Dentro de nuestro entrenamiento, de cómo podemos resolver situaciones de peligro, también es necesario hacer afirmaciones mentales como: "Se cómo evadir y reaccionar ante la presencia de un delincuente", "Estar alerta es parte de mi rutina diaria", "Mi lenguaje corporal refleja mi actitud de seguridad", esto te ayuda a reafirmarte en tu seguridad y entrenar tu mente de manera positiva.

Cuando no se entrena, y concientiza debidamente, sobre posibles amenazas y riesgos, es la mente consciente la que responde, junto a los abruptos e incontrolables efectos de la adrenalina; y es por ello que en la mayoría de las veces, tanto civiles como en el caso de algunos agentes policiales, carecen de una respuesta adecuada o afín para el momento de peligro o amenaza que enfrentan.

Ante inesperadas situaciones de amenazas, la mente consiente nos pasea por una inmensa vía de incertidumbres y negaciones; *"esto no me está pasando a mí"*, y luego se pierden segundos extras, muy valiosos, debatiendo en qué, cómo, cuándo, dónde y por qué hay que actuar. Y ante situaciones de amenazas, como por ejemplo, verse encarado por un arma de fuego en las manos de un delincuente, una mala reacción o movimiento en falso, escalaría el nivel de violencia del delincuente.

Al contrario de la mente consiente, el subconsciente, es nuestro buen aliado de confianza en materia de supervivencia y respuestas ante amenazas. Y al igual que el disco duro o memoria de una computadora, solo se dedica a almacenar información y hacerla accesible cuando más se requiere. A esta parte del cerebro, que nunca descansa, no se le ha dado la debida importancia que se merece cuando se habla de seguridad personal y entrenamientos en materia de prevención del crimen.

El subconsciente no duda, no distingue entre bueno o malo y tampoco siente temor como lo podría hacer la mente consciente.

Entendiendo la efectividad de esta parte del cerebro, podemos decir que la rápida y automatizada respuesta del subconsciente, bajo la preparación adecuada mental y física, controla y mueve a las personas para resolver y evadir los obstáculos de cualquier amenaza externa.

¿Te has preguntado por qué las personas conduciendo un auto logran reaccionar de forma evasiva ante cualquier situación de riesgo, pero al ser abordados sorpresivamente por delincuentes, se quedan impávidos y sin reacción alguna?

Cuando se está aprendiendo a conducir un auto, se requiere de mucha concentración. Se debe prestar atención a todo lo que implica el guiar el auto y al mismo tiempo, reconocer posibles situaciones de riesgo, lo que acarrea cierto cansancio mental y hasta una gran tensión muscular. Luego con la práctica constante física (cambio de velocidades, acelerar / frenar, revisar los espejos) y mental (cuándo reducir la velocidad y advertir cualquier riesgo), se logra conducir bajo un proceso automático gracias a la mente subconsciente.

He allí la respuesta del porque el pie de un conductor se mueve entre los pedales de freno o acelerador; las manos sujetan el volante en armonía con los brazos y hombros para direccionar el volante, de forma ágil y automática, al momento de evadir obstáculos o amenazas según se van presentando. Todo gracias a la constante práctica mental, física y programación de la mente subconsciente.

El reconocido Anthony Scotti, fundador de la prestigiosa academia Americana, *Scotti School,* y de quien tengo el honor de decir que fue el tutor de mi tesis universitaria ***El Secuestro como estrategia de grupos guerrilleros,*** es reconocido por su arduo trabajo en temas de entrenamientos relacionados a la protección de ejecutivos, manejo defensivo y evasivo, entre otros. Al igual que fundador de *International Security Driver Association* (ISDA), Anthony ha escrito interesantes libros y artículos en materia de seguridad preventiva.

En uno de sus interesantes escritos titulado *Kill Zones (Zona de Muerte / Ataque)*, Mr Scotti menciona estudios que demuestran que una persona promedio le toma 2.5 segundos para reaccionar al volante al momento de avistar una situación de riesgo. De igual forma explica, el experto en materia de manejo defensivo en situaciones de alto riesgo, que una persona con la práctica adecuada (mental y física) puede lograr bajar ese tiempo de respuesta a 1 o 1.5 segundos. Y todo este proceso defensivo ocurre de forma automática al percibir la situación de riesgo.

Esto demuestra que, sí es posible crear hábitos de seguridad defensiva y preventiva, sin caer en los mitos de supuesta paranoia o de la necesidad de entrenamientos complejos, tipo fuerzas especiales, para aprender a detectar, evitar y persuadir cualquier intento de ataque por parte del delincuente común. Más adelante explicaremos cómo podemos reprogramar el subconsciente con medidas de seguridad preventivas.

REVISIÓN Y TEST SOBRE LECTURA

La Mente Subconsciente y Mente Consiente en materia de Seguridad Preventiva

1. Para asegurar siempre la mejor acción al responder a una amenaza o situación de riesgo, se requiere de la debida preparación y entrenamiento (mental y físico) a través de la visualización y escenificación de las acciones.

Verdadero ☐ Falso ☐

2. Cuando no se entrena y concientiza debidamente sobre posibles amenazas y riesgos, es la mente consciente la que determinará qué hacer según un debate de ideas internas.

Verdadero ☐ Falso ☐

3. La mente consciente no es la más idónea para hacernos reaccionar ante situaciones de riesgos eminentes (Ej. Cuando nos apuntan con un arma de fuego).

Verdadero ☐ Falso ☐

4. La mente subconsciente reacciona según como la hemos preparado. Ella no debate o cuestiona, solo trabaja en automático y se activa para movernos ante situaciones de peligro.

Verdadero ☐ Falso ☐

5. Podemos decir que nuestra mente subconsciente, opera como un disco duro de una computadora, almacena la información y la provee en el momento requerido.

Verdadero ☐ Falso ☐

6. Es más fácil aprender a conducir un auto, que aprender a estar alerta, intuitivo y evasivo de peligros.

Verdadero ☐ Falso ☐

(Las respuestas correctas del texto las encuentras en la página 144)

10. El cuerpo humano ante situaciones de peligro

Contrario a lo que muchos podrían pensar que la ansiedad y el miedo son respuestas desfavorables del cuerpo humano y que además, nos quitan energía para resolver de forma adecuada cualquier situación de peligro eminente, la realidad es que estas respuestas son muy útiles; éstas nos dicen cuando el peligro está presente y nos preparan para actuar.

Siguiendo con los atributos del subconsciente, éste está directamente conectado con el centro emocional del organismo, y dentro de su complejo y óptimo sistema, controla nuestros instintos, ayudando a segregar la hormona adrenalina (cocktel químico) cuando intuye o se ve bajo amenaza. Esta es la gran habilidad del organismo al responder y reaccionar ante situaciones de estrés extremas.

Mecanismo de Pelea o Huye. La Adrenalina y su Reacción

El psicólogo, Walter Cannon, de la Universidad de Harvard, es el precursor del concepto: *Fight or Flight - Respuesta de lucha o huida* (también llamado respuesta de estrés agudo) es una reacción fisiológica que ocurre en respuesta del organismo para protegerte de ataques violentos o amenazas inmediatas intuidas o reales y que además, estimula el despliegue inmediato de la sustancia adrenalina.

La respuesta de la *lucha o huida* prepara el cuerpo para la acción inmediata. Ya sea esta una acción de huir o luchar, y el cuerpo necesitará todos sus recursos activados para lograr accionarse. Entender la respuesta natural de tu cuerpo, durante la amenaza y el peligro, definitivamente te ayuda a reconocer lo que experimentas en medio de una situación de mucho estrés. Por otro lado, te ayuda a enfocarte más en tu capacitación y entrenamiento mental y físico para lograr utilizar al máximo los beneficios de esta respuesta natural.

Cuando esta respuesta se activa, automáticamente te prepara para la acción y tiendes a ver todo lo que te rodea como posibles amenazas. Esta reacción natural, es definitivamente invaluable para tu defensa y protección física.

Ahora, ¿qué es la Adrenalina?

Según Wikipedia la Adrenalina, también conocida como epinefrina por su Denominación Común Internacional (DCI), es una hormona y un neurotransmisor.

La Adrenalina es una hormona que desencadena el mecanismo de supervivencia y, como ya lo mencionamos, se pone en marcha durante situaciones de emergencia (real o percibida). Su reacción puede ser positiva o negativa para tu defensa. Positiva, cuando logras ejercer cierto control sobre ella, y eres capaz de usarla a tu favor minimizando las imprudencias; esto solo lo logras con la preparación mental y física.

Cuando me refiero a la reacción de adrenalina negativa, es cuando accionas bajo el factor duda, te paralizas o te mueves sin considerar las consecuencias.

La activación de la adrenalina produce una serie de efectos en el organismo (cocktel químico), que deben ser entendidos a priori para lograr una mejor preparación en tema de respuestas efectivas. Estos efectos son:

- Se dilatan las pupilas, a lo que en el argot policial le denominamos "Visión de Túnel". Esto te lleva a enfocarte directa y solamente, sobre el objetivo que ejerce la amenaza. Pierdes visión panorámica.
- Aumenta el ritmo cardíaco y la presión sanguínea.
- Se ejerce contracción muscular.
- Impacta el sentido auditivo haciéndolo menos agudo.
- Se distorsiona el sentido de tiempo y espacio.

La adrenalina, por ser un efecto natural del cuerpo humano, no puede ser neutralizada; pero sí se puede lograr ejercer algún control sobre ella. Incluso, aun pudiendo neutralizar el efecto de la adrenalina, esto no te convendría; tal como ya lo he mencionado anteriormente, la adrenalina es la que desencadena los mecanismos de supervivencia en nuestro organismo.

Para ejercer el control en tu reacción ante el peligro/amenaza, asegurar el efecto positivo de la adrenalina, y contar con la debida preparación de la mente subconsciente, es requerido un entrenamiento mental y físico constante.

Cuando no somos capaces de controlar la adrenalina, los efectos de su activación (negativa) podrían ser contra producentes y de suma peligrosidad, creando un efecto bumerang ante situaciones de amenaza.

Las siguientes son algunas reacciones de las personas con activación de adrenalina negativa:

a. Quedan impávidos y sin respuesta.

b. Tratan de moverse y evadir cuando ya tienen un arma de fuego a quema ropa (muy cerca).

c. Se fija la mirada solo en el objeto de amenaza (visión de túnel) y no se logra ver una visión amplia o panorámica. Este efecto es el peor enemigo del policía, y de cualquier persona, que sea abordada por un criminal; ya que el delincuente nunca actúa solo.

d. Se trata de proteger las pertenencias sin importar las consecuencias a la integridad física.

e. No haya una salida de escape o lugar idóneo para cubrirse al momento de una balacera.

Ahora que estás claro que, ante el peligro, todos tus sentidos se optimizan, te hacen estar más alerta, aumenta tu destreza y fuerza corporal, al igual que la memoria muscular que suceden sin pensar (correr, saltar, pelear) movidos por la reacción intuitiva o natural de supervivencia, es allí donde está la importancia crucial que tiene el afinar las respuestas con la debida práctica mental y física.

Observando la reacción de la persona/víctima en la foto de la página anterior, donde forcejea para que no le quiten el bolso, es un buen ejemplo de lo que no se debe hacer. Es una situación propensa para una escalada de violencia. Mejor opción, dejarlo ir y establecer un "ganar-ganar".

Código de Colores

A favor de quienes enseñamos y practicamos estrategias en materia de prevención del crimen, y para ti que no quieres figurar en las estadísticas como víctima de la delincuencia, el americano Jeff Cooper desarrolló una técnica llamada *Código de Colores* (*Color Code*), la cual consiste en adaptar tu nivel de alerta según el lugar donde se esté.

Este código de colores, también te ayuda a canalizar la adrenalina a través de sus niveles de alerta mental. Esta herramienta, combinada con escenarios y planes de respuesta hipotéticos como ¿y qué hacer en caso de...? te permite estar consciente del flujo de la adrenalina, y así su efecto (positivo) se hace un tanto más manejable.

De esta forma, el Código de Colores, también conocido como Niveles de Alerta (blanco, amarillo, naranja y rojo), está orientado a crear un estado mental bajo el concepto de colores, los cuales están vinculados a la detección y respuesta de amenazas.

Para aplicar esta herramienta defensiva, solo se requiere concientizar la necesidad de estar alerta/atento y aplicar el poder de la observación en tu entorno.

Significado de los colores para el correcto estado mental de alerta:

- Blanco: Nivel de alerta nulo. Ninguna percepción de riesgo (estado mental de cualquier víctima voluntaria).
- Amarillo: Atento. Sentido de alerta activado. Uso de la observación.

- Naranja: Punto donde se detecta o intuye algún riesgo y comienza el proceso de la adrenalina.
- Rojo: Momento de moverse. Evadir el riesgo.

Cuando el código de colores es aplicado, y las amenazas son detectadas gracias a la observación e intuición, y al mismo tiempo contamos con planes de respuesta (físicos y mentales) grabados en el subconsciente, la adrenalina ejerce su función automática de respuesta controlada a través de la transición del color amarillo al naranja hasta llegar al rojo. Si el despliegue de la adrenalina no nos toma por sorpresa, los efectos negativos ya descritos previamente, son controlados o en su defecto, minimizados.

Así que aprendiendo de las herramientas que te provee el cuerpo humano, en materia de autodefensa, y considerando la técnica para controlar los impulsos de tu adrenalina, el color Amarillo es el estado ideal para la detección y posterior respuesta y evasión de amenazas. Practicar los distintos escenarios regularmente es de suma importancia. Debes establecer o afinar tu memoria muscular y acciones de respuesta intuitivas para que se produzcan, sin la intervención de la mente consciente, la cual debate y duda de la situación antes de activarte.

Código de Colores – Niveles de Alerta

El código de colores ayuda a graduar de forma rápida y eficaz el mecanismo de defensa (detección y evasión) en combinación con el flujo de la adrenalina.

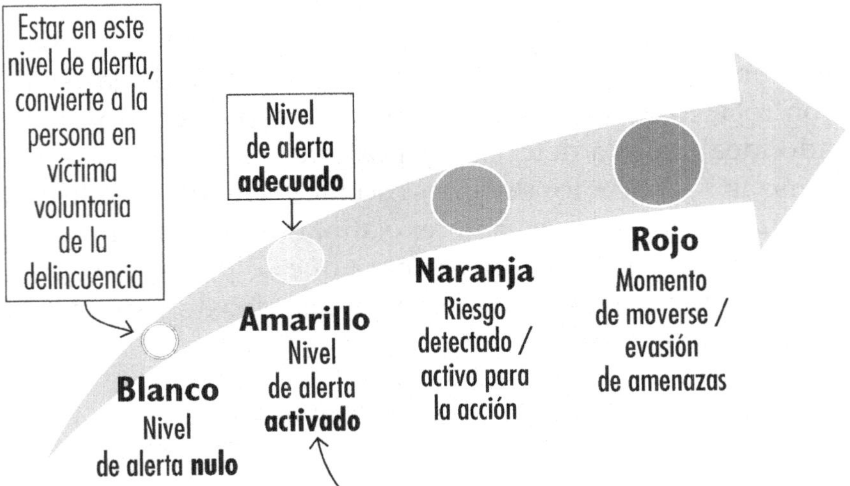

Estar en este nivel de alerta, convierte a la persona en víctima voluntaria de la delincuencia

Nivel de alerta **adecuado**

Blanco
Nivel de alerta **nulo**

Amarillo
Nivel de alerta **activado**

Naranja
Riesgo detectado / activo para la acción

Rojo
Momento de moverse / evasión de amenazas

Estar en **Blanco** y verse bajo amenaza ocasiona:

- Contracción muscular
- Visión de túnel
- Afecta el sentido auditivo
- Negación a lo que ocurre
- Falta de reacción

Estar en el nivel de alerta correcto (Amarillo), ayuda a controlar los efectos de la adrenalina al momento de reaccionar que nos ayudara a movernos para evadir la amenaza.

La Respiración para contrarrestar el estrés

Seguramente ya has escuchado de la importancia de la respiración para controlar los ataques de nervios, ansiedad, miedo, etc.

La respiración es otra de las herramientas provistas por nuestro cuerpo humano que también logra efectos muy positivos, en nosotros, cuando le prestamos la debida atención. Si la sabes utilizar, te ayuda a contrarrestar la ansiedad, el temor, el estrés, trayéndote paz y claridad mental.

Los monjes budistas explican que las personas se bañan diariamente para limpiar y prevenir malos olores del cuerpo y por supuesto, para refrescarlo. Ahora ¿cuándo y cómo se limpia y refresca la mente?

Según estudios con tecnología avanzada, han logrado determinar cómo, efectivamente, la respiración mentalizada o Meditación, con solo enfocarse en la inhalación y exhalación, ejerce funciones químicas y otros efectos que logran estabilizar el ritmo cardíaco, a la par que incide en el metabolismo, ayuda a preservar la energía en el cuerpo y produce tranquilidad mental durante el proceso de le meditación.

Un interesante artículo, The Wall Street Journal, Thai Cave Rescue Highlights the Value of Teaching Children to Meditate, da a conocer que la meditación fue uno de los elementos claves en el caso de los 12 jóvenes tailandeses, que quedaron confinados (Junio 23, 2018) en una cueva y rescatados luego de dos semanas. El mánager de los jóvenes con solo 25 años de edad, y quien estaba a cargo de los pequeños (edades entre 11 y 16), les enseñó la meditación durante la espera para el rescate y según imágenes de fotos y videos mostrados por equipo de rescatistas, el grupo de jóvenes se encontraba en plena calma al momento que fueron rescatados. Según lo expresado por el joven manager a los medios de comunicación, utilizó la meditación para mostrar tranquilidad a los muchachos. Cuando se muestra angustia, los demás también entran en angustia y cuando se refleja tranquilidad, los demás mantendrán la calma.

Queda sobre entendido que, durante ciertas situaciones de amenaza o en caliente como se le conoce en el argot policial, no tendrás el tiempo de realizar una meditación y concentración en tu respiración. Sin embargo, si te habitúas a ejercicios de respiración de forma rutinaria, te traerá excelentes resultados contra el estrés de tu día, a día al igual que ya conocerás de los buenos efectos que este te ofrece.

Por otro lado, durante ciertas situaciones de mucho estrés y dificultad para pensar de forma adecuada en la solución de problemas, solo basta tomarse dos minutos para entrar en la calma y permitir así que la mente nos ayude a resolver la problemática de forma más clara y efectiva posible. Por ejemplo: durante la permanencia como secuestrado o como rehén, y en ciertas situaciones como negociador con delincuentes, el lograr pensar de forma objetiva y clara ante la situación que se vive, lo más seguro es que traiga resultados favorables. Tratar de solucionar o de negociar de forma acorde con delincuentes, cuando hasta te falta el aire para hablar, no logras estabilizar un poco el temblor de tus manos y tu cabeza solo te pasea por los peores escenarios posibles, no es exactamente lo que quieres hacer cuando tu vida o la de un ser querido está en juego.

Existen distintas técnicas de respiración, aquí te compartiré dos de ellas, para que pongas en práctica según te sientas más cómodo.

a) Siéntate en un lugar de forma cómoda. Aun y cuando se recomienda cerrar los ojos para menor distracción, también puedes hacer el ejercicio con los ojos abiertos. Si dejas los ojos abiertos, enfoca la mirada en un solo punto. Inhala por la nariz y asegúrate que solo el estómago se infle con el proceso de tomar el aire (respiración desde el estómago, sin subir hombros ni la caja torácica). Luego exhala igualmente por la nariz, y solo concéntrate en el proceso de respiración – inhala y exhala-, la respiración debe ser normal y cómoda según lo haces normalmente. Realiza el ejercicio de inhalación, exhalación y enfócate en el aire que entra y sale. Realiza el ejercicio por dos minutos.

b) Siéntate de forma cómoda, inhala por la nariz y exhala igualmente por la nariz. Cuenta de forma regresiva según el aire que exhalas ejemplo; 5,4,3,2,1 o 3,2,1. El conteo numérico irá por segundos, no deberá ser apresurado ni retenido, la clave es respirar normalmente, pero siempre enfocado en la exhalación. No trates de usar la numeración para inhalación y exhalación al mismo tiempo; solo para la exhalación o en su defecto, inhalación.

Cualquiera de estas técnicas te ayudará a mejorar la concentración y te liberará del estrés, temor, miedo, angustia o cualquier sentimiento de inseguridad.

REVISIÓN Y TEST SOBRE LECTURA

El cuerpo humano ante situaciones de peligro

1. La ansiedad y el miedo son respuestas desfavorables del cuerpo humano.

Verdadero ☐ Falso ☐

2. El mecanismo Lucha o Huye, es una reacción fisiológica que ocurre en respuesta del organismo para protegerte de ataques violentos o amenaza inmediatas intuidas o reales.

Verdadero ☐ Falso ☐

3. Entender la respuesta natural de tu cuerpo, durante amenaza y peligro, definitivamente te ayuda a reconocer lo que experimentas durante una situación de mucho estrés.

Verdadero ☐ Falso ☐

4. La Adrenalina es una hormona que desencadena el mecanismo de supervivencia.

Verdadero ☐ Falso ☐

5. Los siguientes son efectos ocasionados por el despliegue de adrenalina. Se dilatan las pupilas, a lo que en el argot policial le denominamos, *Visión de Túnel.*

a. Aumenta el ritmo cardíaco y aumenta la presión sanguínea.

b. Se ejerce contracción muscular.

c. Impacta el sentido auditivo haciéndolo menos agudo.

d. Se distorsiona el sentido de tiempo y espacio.

Verdadero ☐ Falso ☐

6. Basado en el Código de Colores, el nivel de alerta correcto para detectar situaciones de peligro y que nos de la ventaja posterior para evadir/huir, es en el color AMARILLO.

Verdadero ☐ Falso ☐

(Las respuestas correctas del texto las encuentras en la página 144)

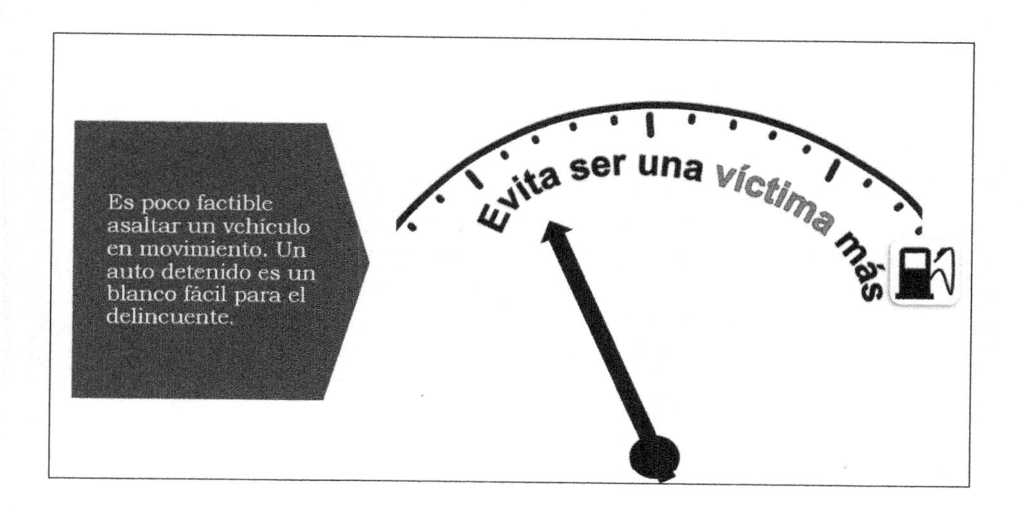
Es poco factible asaltar un vehículo en movimiento. Un auto detenido es un blanco fácil para el delincuente.
Evita ser una víctima más

Tercera Parte

¡ENTRÉNATE!
Gerenciando tu seguridad y la de tu familia

INTRODUCCIÓN

Ya has leído la Primera y Segunda Parte de este libro, donde manejas una nueva idea sobre la realidad de la delincuencia y la importancia de despertar tu instinto de defensa; estás más claro sobre el poder de tu defensa intuitiva, la importancia del hábito de la observación, manejas mejor el tema del lenguaje corporal, para reconocer a los delincuentes y logres ser descartado como una víctima potencial, entre otros temas abarcados.

Ahora te corresponderá, poner todos los conceptos y estrategias compartidas en tu disco duro de la mente. Aquí sabrás como sacar las malas ideas, influenciadas por mitos y tabúes, sobre la delincuencia; para así lograr reprogramar tu mente, dejando afuera los virus producidos por conceptos errados sobre los delincuentes y el "no hay nada que hacer al respecto".

11. Tu entrenamiento mental y físico

Siguiendo técnicas de retención de información, cuando visualizas, analizas y escenificas cómo resolverías situaciones de riesgo, te ayuda a mantener más viva la experiencia y el aprendizaje.

La escenificación introduce de forma efectiva en el subconsciente, las respuestas del cómo actuar ante ciertas situaciones de amenaza. Por otro lado, genera la sensación de que ya has pasado por eso, lo cual te da una mayor agilidad de respuesta según la amenaza. Al igual que te ayuda a ejercer cierto control sobre los efectos de la adrenalina.

El despavorido miedo y casi fobia (miedo irracional) que se le tiene a la delincuencia, lo motiva el desconocimiento; el pensar de forma negativa de que nada se puede hacer en cuanto a la delincuencia se refiere; cuando se cree que no hay forma de evitarlos. Esta negatividad surge como resultado de las falsas creencias, que han sido aceptadas en la mente subconsciente como única verdad.

"El pesimista se queja del viento; el optimista espera que cambie; el realista ajusta las velas."
William Geaorge Ward

Es muy importante, acabar con esos mitos de invencibilidad que se les ha otorgado a los delincuentes. Es tiempo de ser proactivo en la prevención, así que debes reprogramar e instruir tu mente subconsciente basado en la realidad de que sí puedes tomar acciones, efectivas y preventivas, para minimizar cualquier oportunidad de ser víctima.

Dejemos en claro que, según lo leído en la Segunda Parte sobre la mente subconsciente, esta no sabe distinguir entre lo que es real y lo que es ficción. Por lo tanto, cualquier escenificación o ejercicio mental que le presentes, lo tomará como una verdadera y única realidad. Así que desecha esos falsos conceptos y creencias que dicen "estamos a la voluntad de los delincuentes", "ante esa situación, nada se puede hacer", entre otros tantos.

De la misma forma como creas tus hábitos, a través de la repetición regular y constante hasta convertirse en automático, debes crearlo para la reprogramación efectiva de tu mente subconsciente.

Piensa por un momento, todos los pasos que das diariamente para cepillarte los dientes, y notarás todas las acciones que haces que son en automático, es parte de tu hábito diario. Tu objetivo, lograr concientizar tus acciones preventivas y reacciones ante eventos de forma inmediata y sin tener que pensar al respecto.

Sé diligente en la visualización y repetición, mental y física, de las acciones o respuestas puntuales ante amenazas, que tu mente subconsciente actuará como la memoria de una computadora; la información estará allí para el justo momento cuando la requieras. Piensa en situaciones de peligro según te han ocurrido o eventos que conoces por referencia de otros. Luego, plantéate lo siguiente:

¿Qué hago en caso de...?

Ten en mente que cada caso, que ocurra en la vida real, siempre será distinto. Quizás los *modus operandi* de los delincuentes, tendrán alguna similitud; pero en términos generales, cada caso tendrá sus variantes. Usa las malas experiencias de otros, que han sido víctimas de la delincuencia, para que analices y te hagas los planteamientos necesarios de como reaccionarías tú. Nunca hay que cuestionar a nadie sobre cómo actuó, hay que estar allí para realmente saber lo que se siente. Ahora, lo que sí se puede cuestionar es, que después de un incidente criminal, no hayas tomado los correctivos.

Así que no dejes de plantearte ideas y escenarios, claro está, OBJETIVOS, REALES. Tampoco desestimes el potencial de efectividad de algunas ideas que hasta podrían sonar absurdas. Como reza el dicho, "las grandes ideas, surgen gracias a las malas ideas".

Aquí te comparto una forma de planteamiento de amenaza y razonamiento con posibles acciones de respuesta:

Planteamiento:

- Estando en mi auto ¿qué hago si... observo e intuyo que me vienen siguiendo?

Razonamiento:

- Para que me pueden robar o secuestrar, necesariamente los delincuentes deben esperar hasta que el auto se detenga o que me obliguen a detenerme. Por lo tanto, debo mantener el auto en movimiento el mayor tiempo posible.

Posibles acciones:

a) Evitaré vías / calles / estacionamientos donde me puedan interceptar fácilmente.

b) Activaré mis luces intermitentes de forma momentánea y llamaré la atención tocando la bocina del auto, para hacerle ver a los que me siguen que los detecté (ya no hay el factor sorpresa) y también para alertar a otras personas de la situación.
c) Manejaré por cualquier vía rápida / autopista para dificultar la idea de que me intercepten.
d) De ser posible, me pararé frente a un módulo policial o puesto militar con luces intermitentes encendidas y tocando la bocina para llamar la atención de los oficiales.
e) Si me interceptan, mostraré mi intensión de colaborar y establecer un ganar-ganar (no me lesionan físicamente y ellos toman lo que buscan).

Es propicio mencionar que, durante una charla de prevención del crimen que dicté en la ciudad de México, uno de los participantes, al escuchar el planteamiento sobre el reprogramar nuestro subconsciente y reaccionar según el instinto, narró brevemente un incidente donde delincuentes armados lo abordaron bajo factor sorpresa para robarle el auto. Según nos relató el participante, él recién se bajaba de su auto, aún con las llaves en la mano, y al ser confrontado por dos antisociales, quienes actuaban de forma violenta, su respuesta fue lo que ya él se había planteado mentalmente en varias ocasiones, "desmayarme y soltar las llaves para que los delincuentes se llevaran el auto y no a mí". Esa acción y reacción le funcionó perfectamente, y nos dijo, "abrí los ojos cuando algunas personas se me acercaron para ayudarme". Dijo no saber exactamente lo que sucedió y tampoco se dio cuenta cuando se llevaron su auto. Nuevamente, el subconsciente y el instinto de supervivencia hicieron el trabajo. Ese fue un buen ejemplo de ganar- ganar.

Menospreciar o desconocer el poder natural que te brinda el cuerpo humano, con sus dones de la observación, intuición, solución inmediata de problemas y apego a la supervivencia, ante cualquier vicisitud, te afecta internamente en la objetividad y percepción de riesgos. A la par que también disminuye tu fuerza, deseo y capacidad de respuesta ante cualquier evento.

Ahora te planteo otros tres ejercicios sencillos pero que podrían tener mucho impacto a tu favor para minimizar la oportunidad de que te conviertas en una víctima de la delincuencia.

- Plantéate mentalmente los peligros que hay cada vez que haces alguna transacción en un telecajero bancario y cuentas el dinero frente a la máquina.

¿Cuáles deben ser los correctivos?

- En caso que seas de las personas que utilizan el celular durante tus rutinas de calle, plantéate mentalmente los peligros a que te has expuesto cada vez que lo has utilizado.

¿Cuáles deben ser los correctivos?

- Plantéate mentalmente los peligros que has corrido esperado a alguien o que has permanecido dentro del auto más tiempo del que correspondía.

¿Cuáles deben ser los correctivos?

Para que puedas reprogramar tu subconsciente, es muy importante que no almacenes información con sugestiones negativas, como, por ejemplo:

- Ante la delincuencia y sus amenazas, "es imposible defendernos, nada que hacer".
- "Me va a tocar cuando me tenga que tocar, es imposible evitarlos".
- Cuando el delincuente acecha y ataca, "uno ni cuenta se da".

Como ya has ido aprendiendo en la Primera y Segunda Parte de esta publicación "Evita ser una víctima más", todas esas líneas anteriores son realmente falsas y basadas en fundamentos de carácter no preventivos. El delincuente solo podrá actuar si le brindas la vulnerabilidad y oportunidad para abordarte. Tú puedes ejercer el control de la situación bajo la observación para identificarlos. Estás en capacidad de establecer tu distancia con el sospechoso para facilitarte la acción evasiva.

Si quieres que tu mente subconsciente se reprograme y resuelva por ti, como ya fue mencionado anteriormente, visualiza y utiliza afirmaciones, sugestiones positivas y constructivas. Siempre deben estar orientadas a la detección, prevención y evasión de amenazas.

Así que, la recomendación es que la información vital para la preparación mental y física en materia de seguridad preventiva y acciones de respuesta durante crisis y emergencias, deben estar en la memoria de uso rápido, como cuando alguien te pregunta tu nombre y no titubeas para decirlo. Y esto lo lograrás, solo dando la debida percepción de importancia al tema y repitiendo y visualizando de forma constante los planes preventivos y defensivos.

Conclusión

Para que las acciones preventivas sean las adecuadas, coherentes y factibles, es necesario establecer criterios de pensamientos claros.

- Ser objetivo y realista en los escenarios de posibles amenazas que se planteen mentalmente.
- Toma ventaja de casos reales que se compartan en medios de comunicación y redes sociales.
- Conócete a ti mismo, tus destrezas, tu agilidad y fortaleza corporal.
- Realiza el simulacro de cómo actuarías y sé auto crítico de tu reacción y movimiento evasivo.

Para la reprogramación efectiva de tu subconsciente, en búsqueda de los efectos y respuestas positivas a favor de que te blinden contra la criminalidad, debes seguir los lineamientos que denomino como AVIR

- Provee tu subconsciente con **Afirmaciones positivas.**
- **Visualiza mental y físicamente** las acciones.
- Fortalece la **Importancia de la información,** y
- Trabaja la mente bajo Repetición constante.

Reprogramación efectiva del subconsciente AVIR

AVIR

Cabe destacar que el proceso de reprogramación con afirmaciones y visualización de ideas positivas es aplicable a cualquier ámbito donde se quiera mejorar y donde tengas aspiraciones para superarte como persona y profesional.

ELEMENTOS CLAVES

Capítulo 11 - TU ENTRENAMIENTO MENTAL Y FÍSICO

- Siguiendo técnicas de retención de información, cuando visualizas, analizas y escenificas cómo resolverías situaciones de riesgo, te ayuda a mantener más viva la experiencia y el aprendizaje.
- De la misma forma como creas tus hábitos, a través de la repetición regular y constante hasta convertirse en automático, debes crearlo para la reprogramación efectiva de tu mente subconsciente.
- Para que puedas reprogramar tu subconsciente, es muy importante que no almacenes información con sugestiones negativas, como, por ejemplo: Ante la delincuencia y sus amenazas, "es imposible defendernos, nada que hacer".
- Para la reprogramación efectiva de tu subconsciente, en búsqueda de los efectos y respuestas positivas a favor de que te blinden contra la criminalidad, debes seguir los lineamientos que denomino como AVIR
    - Provee tu subconsciente con Afirmaciones positivas,
    - Visualiza mental y físicamente las acciones,
    - Fortalece la Importancia de la información, y
    - Trabaja la mente bajo Repetición constante.

12. Influyendo en la percepción de los delincuentes

"Si Cambias tu condición (mental y física), del plano Defensivo a condición Ofensiva, obligarás al delincuente a ser Reactivo. "

Arístides G.

Entiéndase que estar en condición ofensiva en lo que se refiere a la prevención del crimen, no necesariamente consiste en confrontación o violencia física. En este sentido me refiero a que, estando alerta (actitud segura) y con mayor malicia en la calle, el delincuente tendrá que ser reactivo (temeroso) al ser detectado. En este caso, ya no te verán vulnerable, como una víctima potencial y por otro lado, tú estableces el control de la situación.

El Lenguaje Corporal

Si indagas sobre el lenguaje corporal, al final, en términos generales el tema se cierra en dos puntos:

a) el mensaje que tú envías a otros de seguridad o inseguridad según tus posturas, y

b) tu actitud como respuesta sobre los mensajes que percibes de otros.

El lenguaje corporal se puede clasificar en ***abierto o cerrado***.

Abierto consiste en que la presencia de cualquier persona es bienvenida a tu entorno ¿quizás un tanto vulnerable?

Mientras que el **Cerrado**, consta de presentarse poco comunicador, a la defensiva y distante de otros, es observador.

La americana, psicóloga social, Amy Cuddy, quien se dedica al estudio de conductas, actitudes y motivaciones que influencian en grupos sociales, realizó un estudio, **Presence: Bringing Your Boldest Self to Your Biggest Challenges**, donde concluye que, "el lenguaje corporal puede cambiar la percepción de otros sobre tu persona, y quizás también puede cambiar la química interna del cuerpo, solo con cambiar la postura del cuerpo",

"Nuestro cuerpo cambia nuestra mente y nuestra mente cambia nuestra conducta y nuestra conducta cambia nuestros resultados".

Amy Cuddy

Para nuestro tema sobre la prevención del crimen, este estudio es de gran importancia, ya que tu lenguaje corporal sí puede influenciar en la percepción sobre quien te pueda estar acechando. Tu buena postura de persona observadora, intuitiva y que sabe reaccionar ante cualquier amenaza, no solo será visible para los externos que te ven, sino también tu mente cambiará tu conducta para con la prevención del crimen y, esta, te traerá resultados de menor vulnerabilidad.

Basado en el estudio de la psicóloga, donde personas antes de atender a una entrevista de trabajo, se toman dos minutos para asumir postura corporal de seguridad y confianza en si mismos y así lograr resultados positivos durante la entrevista, de la misma forma yo te invito a que, cada día, antes de salir de tu casa, te tomes dos minutos para que asumas una postura corporal de persona Observadora e Intuitiva y ese será tu reflejo durante tu rutina diaria.

En definitiva, a través de tu lenguaje corporal estás constantemente diciendo, o que estás abierto a cualquiera que se te quiera acercar, o que eres de poca receptividad para los extraños. Así que, en el tema de seguridad preventiva, tú debes escoger cual es el mensaje a mandar cuando estás en zona pública con extraños y maliciosos al rededor o zona privada (lugar de trabajo, reunión social, etc.) con personas en búsqueda de empatía social.

Como ejercicio, en la calle, se observador de personas que tu intuyes como cerradas y abiertas. Te darás cuenta que rápidamente lograrás ver que aquellas personas con actitud abierta, según su lenguaje corporal, dan a distancia una invitación amigable a que cualquiera se les pueda aproximar, sin discriminar entre los buenos y los malos. Cuando observas personas con signos y actitud cerrada, te darás cuenta de que preferirás evitarlos, y ese mismo sentir lo tendrán personas con malas intenciones.

En un estudio realizado por Betty Grayson and Morris Stein titulado *Atracción de asalto: señales no verbales de las víctimas (Attracting Assault: Victims' Nonverbal Cues)*, los autores filmaban a personas que no sabían que estaban siendo filmados, caminando por una acera de la ciudad de Nueva York. Luego mostraron las cintas a 53 criminales que habían sido condenados por distintos delitos de agresión que iban desde el asesinato hasta el robo.

En pocos segundos, los delincuentes identificaron qué personas habrían sido más propensas a ser sus víctimas. La respuesta de los criminales tuvo una gran concordancia entre quienes hubiesen sido las víctimas. Y más importante aún, fue que sus escogencias no se basaban en el género, la raza, la edad o estatura de las personas. Lo que las marcaba como víctimas potenciales, era la vulnerabilidad a través de gestos y lenguaje corporal y que los criminales por medio de la observación detectaban la facilidad con la que podían abordar a los objetivos.

La vulnerabilidad detectada por los criminales, fueron señales no verbales (postura, lenguaje corporal, ritmo de caminar, distancia de cada paso) y el lugar donde se encontraban las personas para el momento. Así que, el estudio logró determinar que el lenguaje corporal de las personas, aumentan o interfieren en la probabilidad de que una persona sea víctima de la delincuencia común.

Dentro de las características observadas por los delincuentes, sobre quienes podrían ser sus víctimas potenciales, está el caminar de forma no fluida y carente de ritmo entre cada paso, hombros y brazos; personas que muestran cierta inseguridad en ellos mismos (mirada vaga, no saber hacia dónde se dirigen, etc). Mientras que los delincuentes descartaban a quienes contaban con movimientos corporales que parecían fluir desde el centro de su cuerpo, caminaban con total seguridad mostrando saber dónde están y su dirección.

Al igual que los animales de la selva, la presa también puede usar el comportamiento para señalar a un depredador que sería una pérdida de tiempo y energía intentando un ataque. Los depredadores tienden a atacar a los más lentos de la manada. Y en la jungla de la calle, los delincuentes observan y acechan a los que se muestran más débiles y vulnerables para abordarlos.

Quiero hacer mención de otro estudio de los Psicólogos Dr. Angela Book, Dr Kimberly Costello y Dr Joseph Camilleri, publicado en el "*Diario de la violencia interpersonal*" (*Journal of Interpersonal Violence*), los autores encontraron que quienes califican como "víctimas" muestran el lenguaje corporal característico, específicamente en su estilo de caminar.

Como ya hemos venido sosteniendo al referirnos a la vulnerabilidad, víctimas y el lenguaje corporal, estos datos obtenidos en dichos estudios, aclaran por qué algunas personas se convierten en ***Víctimas recurrentes*** o ***Víctimas latentes*** en la medida que los delincuentes se sienten atraídos por las señales externas de vulnerabilidad que ellas emiten.

Estando siempre en sintonía con tu instinto de supervivencia y mostrándote observador de los posibles riesgos que te rodean, será esa la imagen o percepción que captará cualquier delincuente que esté al asecho. Acompañado estos de la postura y gestos corporales mostrando seguridad en tí mismo, es lo que motivará a los delincuentes si hay vulnerabilidad y oportunidad en tí o no.

Las siguientes son algunas medidas para que influyas en la percepción del delincuente:

- Muestra seguridad al caminar sin permitir distracciones.
- Muéstrate atento (color amarillo – alerta) a lo que sucede a tu alrededor – alerta pero relajado.
- Atento a tu zona personal invisible. Mantén una distancia cómoda entre tú y los extraños.
- Mantén un perfil bajo (tipo de ropa, prendas, celular).
- Se observador y ágil al montarte o bajar del auto.
- Aplicar manejo defensivo y evasivo ante situaciones sospechosas.

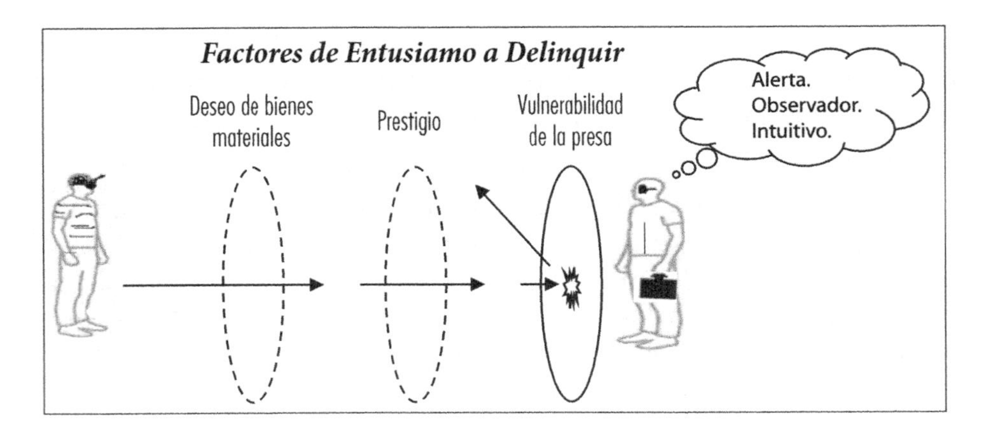

"Lo que impulsa a los adversarios a venir hacia ti por propia decisión es la perspectiva de ganar. Lo que desanima a los adversarios de ir hacia ti es la probabilidad de sufrir daños".

Sun Tzu

Tu puedes influir en la percepción del delincuente, gerenciando tu seguridad preventiva.

Otra forma de influir en la percepción del delincuente es asumiendo, claramente, un rol de Observador de lo externo.

Según ya lo mencioné, optando por una actitud ofensiva ante la delincuencia, actuar de forma inteligente y no necesariamente con violencia física, lograrás minimizar cualquier oportunidad o intensión que ellos puedan tener sobre ti.

Gerente Observador

Si actúas como gerente de tu seguridad personal, ahora debes dejar de ser jugador y pasar a ser Observador externo. Ya cuentas con las herramientas necesarias según te las he presentado en este libro.

Bajo este concepto de *Gerente Observador,* tú eres quien detectas la vulnerabilidad de los delincuentes. Ahora debe ser el delincuente de la calle que se sienta preocupado y temeroso de que lo identifiquen y descubran su mala intención. Ahora debe ser el delincuente quien se repliegue al verse descubierto.

OBSERVADOR: Fuera de juego

JUGADOR: Parte del juego

Mírate fuera del terreno del juego, no seas más parte del problema y forma parte de la solución. Aléjate de la dinámica del miedo, del no saber qué hacer, toma ventaja de todos los grandes atributos e instintos que te proporciona el cuerpo humano.

Posiciónate desde un punto que te permita observar las distintas conductas de las personas en la calle; los que están atentos, descuidados, temerosos y en especial, los peligrosos.

Gerenciando tu propia seguridad y actuando como observador, sin discusión alguna, lograrás no solo identificar al delincuente a distancia, sino que también internamente, sabrás que cuentas con una preparación mayor que el resto de las personas que te rodean y eso te mostrará, ante los demás, con una imagen de seguridad la cual es preventiva para con los delincuentes.

Para lograr ser un Gerente efectivo y asegurar que cuentas con los atributos necesarios para tu auto protección, ahora te invito a que te evalúes para que reconozcas tus niveles en actitud y tus condiciones preventivas. Tómate unos minutos para que, de forma honesta, respondas las siguientes preguntas:

Auto Evaluación de Protección Personal		
Gerenciando la Seguridad	SI	NO
1. ¿Acostumbro a ser observador de lo que me rodea?		
2. ¿Mi lenguaje corporal refleja y deja ver mi actitud preventiva a otros?		
3. ¿Evito ser vulnerable en la calle?		
4. ¿Según mi rutina diaria, se cómo evitar dar la oportunidad al delincuente en la calle?		
5. ¿Siempre estoy atento para evitar el factor sorpresa?		
6. ¿Utilizo el AVIR para reprogramar mi subconsciente y prepararme mental y físicamente?		
7. ¿Presto mucha atención a mi intuición?		
8. ¿Soy observador del lenguaje corporal y actitudes sospechosas de quienes me rodean?		
9. ¿Mi rutina diaria no afecta mi actitud ni mi capacidad preventiva en la calle?		
10. ¿Sé cómo reaccionar en caso que un delincuente me aborde / confronte?		

Ahora revisa el gráfico y estudia los puntos donde hay deficiencias (columna NO), para que puedas crear tu propio gráfico como plan de acción para la optimización de tus actitudes como gerente de tu seguridad. ¿Dónde te debes enfocar?

Si realmente estás dispuesto a lograr los cambios necesarios para tu protección, te sugiero coloques el gráfico de tu auto evolución en un lugar donde lo puedas ver diariamente.

Conclusión

El delincuente como cualquier animal salvaje, está al acecho de su presa y atacará según la vulnerabilidad y oportunidad brindada. En la jungla del asfalto, cualquiera puede ser visto como una posible presa, pero solo el que luzca desatento, débil y brinde la oportunidad, será el escogido.

ELEMENTOS CLAVES

Capítulo 12.- INFLUYENDO EN LA PERCEPCIÓN DE LOS DELINCUENTES

- El lenguaje corporal se puede clasificar en abierto o cerrado. Abierto consiste en que la presencia de cualquier persona es bienvenida a tu entorno ¿quizás un tanto vulnerable?
- Cerrado, consta de presentarse poco comunicador, a la defensiva y distante de otros, es observador.
- Algunas medidas para que influyas en la percepción del delincuente:
  ◆ Muestra seguridad al caminar sin permitir distracciones. ◆ Muéstrate atento (color amarillo – alerta) a lo que sucede a tu alrededor – alerta pero relajado. ◆ Atento a tu zona personal invisible. Mantén una distancia cómoda entre tú y los extraños. ◆ Mantén un perfil bajo (tipo de ropa, prendas, celular). ◆ Se observador y ágil al montarte o bajar del auto. ◆ Aplicar manejo defensivo y evasivo ante situaciones sospechosas.
- Mírate fuera del terreno del juego, no seas más parte del problema y forma parte de la solución.
- Posiciónate desde un punto que te permita observar las distintas conductas de las personas en la calle; los que están atentos, descuidados, temerosos y en especial, los peligrosos.

13. Inculca la cultura de seguridad a tu familia

Para lograr establecer la cultura de seguridad familiar, se requiere de la colaboración de cada miembro e integrantes de la familia. Hay que romper el hielo de la negación sobre delincuencia y victimización entre los miembros familiares. El asunto no es si va a ocurrir, el asunto es cuando.

Toda tu familia deberá asumir un rol participativo dentro del plan preventivo y reactivo en caso de ser requerido. Ya quedó muy atrás la estrategia del "perro cuida ovejas", ahora se trata de que cada oveja entienda la importancia que tiene el auto protegerse y la necesidad de establecer una estrategia de protección en equipo.

Debes aleccionar a toda la familia sobre los peligros a que se encuentran expuestos según sus rutinas diarias; actividades laborales, estudiantiles y sociales. Dejar en claro como la falta de alerta y precaución de uno de los miembros, puede poner en máximo peligro al resto de la familia. Como dicen por ahí. "Reza, pero no dejes de caminar rapidito a casa".

Aún y cuando puedes y debes limitar la información a compartir con otras personas que no sean de la familia, es preciso incluir al personal doméstico, así como choferes y escoltas en caso de contar con ellos.

En tu esfuerzo de concientizar a toda la familia en la seguridad, no actúes como líder de la casa, asume más bien un rol de facilitador. Lo más seguro es que todos en casa, ya tienen alguna idea de cómo ser preventivos y evasivos. Tampoco olvides que ellos, al igual que tú, y que como cualquier otra persona, también cuentan con los dones del cuerpo humano con el mecanismo de supervivencia. Tu trabajo es ayudarles a canalizar sus ideas, acciones, y establecer su confianza en el poder de la intuición.

Considerando la necesidad e importancia de la conversación que deberá aterrizar en resultados, lo mejor es estructurar el planteamiento, la discusión y acuerdos a ser tomados como una familia unida, todos bajo el mismo objetivo.

Acciones para una conversación estructurada:

1) Establezca una Conversación de auto análisis:

   a) Conversación. Con planteamientos claros sobre los posibles riesgos, basados en la objetividad y la realidad actual. Esta conversación puede estar basada en los resultados de los formatos de Matriz de Vulnerabilidad proporcionados en este libro.

      1. Hábitos y conductas,
      2. En el auto conduciendo,
      3. Plan de seguridad familiar
      4. Plan de seguridad vecinal

> *Nota:*
> *cada miembro de la familia debe completar de forma individual su formato según aplique.*

b) Compromiso. Según resultados de la vulnerabilidad, se debe establecer quién, cuándo, cómo y por qué. Luego se desarrollan las acciones que se deben tomar para mitigar cada situación de amenaza / riesgo. Aquí se deja en claro cuál es la responsabilidad de cada uno como integrantes de la familia y allegados. Niños menores de edad, también deben formar parte de la discusión y toma de acciones.

c) Ser receptivo a las ideas, no discriminar. En seguridad no hay una sola respuesta correcta para la solución de problemas y mucho menos se logrará plantear hipótesis de casos exactos tal y como ocurrirán. Por ello, se requiere objetividad y flexibilidad en cada estrategia que se plantee. Importante es que el efecto o resultado de las acciones conlleven al mejor escenario posible.

2) Implemente conversación para Acciones:

a) Estableciendo las responsabilidades de cada miembro de la familia.

b) Entendimiento y aclaratorias de cada miembro sobre las expectativas.

c) Revisión de la importancia que tiene cada miembro de la familia en su rol.

Desarrollo de plan de protección familiar

A) Uso de Matriz de Vulnerabilidad. Se debe tener establecido el nivel de vulnerabilidad de cada miembro de la familia.

B) Elabore en equipo una lista de todas las amenazas a las que están expuestos los miembros de la familia

1. Robo (a mano armada)
2. Robo con lesiones físicas
3. Robo residencial
4. Hurto residencial

5. Secuestro express (corta duración)
6. Secuestro express con extorsión
7. Secuestro extorsivo (larga duración)
8. Robo de vehículo (pérdida del vehículo bajo amenaza)
9. Hurto de vehículo (pérdida del vehículo)
10. Extorsión telefónica
11. Otros

Nota: ***Robo****, es la acción de amenaza, violencia ejercida contra una persona para quitarle pertenencia.* ***Hurto****, pérdida de objeto activo, que no estaba bajo protección inmediata de su dueño o custodio.*

C) En familia, hagan un análisis breve de cada amenaza, arriba expuestas, para así entender bajo qué condiciones o causas potenciales, podrían resultar en dicho incidente/ acto criminal. Ejemplo, utilizando el análisis fishbone (análisis hueso de pescado) que te ofrezco a continuación, te ayudas a visualizar las causas y efecto. Te recomiendo utilizar el mismo esquema para analizar cada una de las amenazas. *Ver esquema: Espina de pescado – Robo de Residencia.*

D) Una vez establecidas y visualizadas las causas potenciales, se plantean las medidas preventivas según cada caso.

1. Al salir y llegar a casa, nivel de alerta en Amarillo (atento a lo que sucede en el exterior).

i. Llegadas y salidas a la casa, sobre todo si son nocturnas, deben contar con un monitoreo y trabajo de observación al momento de arribo o salida. Ejemplo: observación por ventana, balcón o a la espera en la puerta. La comunicación temprana y reporte de situaciones de riegos son de suma importancia.

Fishbone Analysis

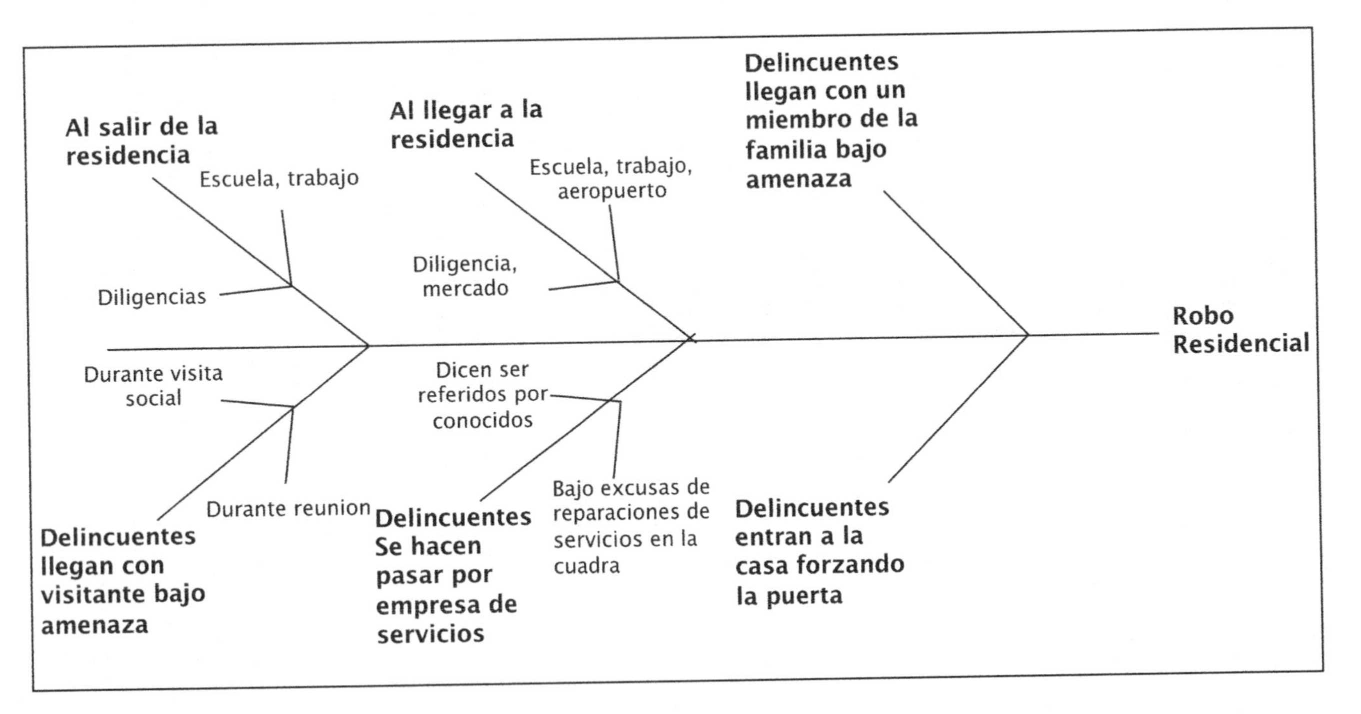

ii. Por ningún motivo esperar dentro del vehículo. El vehículo siempre debe estar en movimiento y al estacionar, debes ser rápido al bajarte.

iii. Cada miembro de la familia debe tener un rol a la llegada y salida de estacionamientos. Mientras más ágiles y coordinados en el proceso de salidas y llegadas, menos propenso a ser víctima de la delincuencia

iv. Evitar cualquier distracción posible, celular, música con audífonos, exceso de bolsos en las manos, etc.

2. Delincuentes llegan con familiar bajo amenaza. Establecer algún código (palabra) de alerta en caso que sea factible alertar a familiares que estén en casa. Tener plan de cómo actuar al momento que un delincuente entre a la casa. Se debe tener acordado qué información se podría compartir con los delincuentes en caso que estos pregunten por armas de fuego, dinero, prendas, etc. Todo plan debe ser bajo la condición de que la violencia por parte de los delincuentes no escale.

3. Delincuentes llegan con visitante bajo amenaza. Verificar antes de dar acceso. En lo posible, pedir, al visitante, llamar por teléfono a su llegada. Visitantes deben ser alertados a no quedarse en espera dentro de sus vehículos. Las despedidas de los visitantes deben ser dentro de la casa para evitar exposición en la calle lo más posible.

4. Delincuentes se hacen pasar por empresa de servicios.

   No hay ningún motivo o excusa para darle acceso a un desconocido. Cualquier llegada de desconocidos, debe ser evaluada y confirmada vía telefónica de ser posible.

5. Delincuentes entran a la casa forzando la puerta. El uso de alarmas y cámaras de seguridad en la residencia,

son medidas persuasivas. Al igual que colocar puertas sólidas con cerraduras fuertes y resistentes a los impactos o manipulación.

i. Deben hacer, en familia, un breve análisis de riesgo a su casa y pensar por dónde podrían ingresar los delincuentes: trepando por un muro, rompiendo un cristal, escalando un árbol o forzando la puerta.

E) Los planes deben ser ensayados y escenificados en grupo. La escenificación introduce de forma efectiva en el subconsciente, las respuestas del cómo actuar ante ciertas situaciones de amenaza. Por otro lado, genera la sensación de que ya has pasado por eso, lo cual te da una mayor agilidad de respuesta según la amenaza y hasta cierto control sobre los efectos de la adrenalina.

Matriz para Determinar Nivel de Vulnerabilidad DELINCUENCIA COMUN	Vulnerabilidad según puntaje

Seguridad para el Hogar - Plan de Seguridad Familiar	SI	NO	N/A
1.) ¿Todos lo que viven en el hogar, han conversado sobre todos los riesgos existentes? *Robo, * Secuestro, *Secuestro virtual, *Secuestro express, *Extorsión	2	1	
2.) ¿La familia cuenta con un plan de Prevención del crimen ya discutido y planificado?	2	1	
3.) ¿Han realizado simulacros en los distintos escenarios y todos participan con acciones e ideas? Incluyendo niños menores de edad.	2	1	
4.) ¿Existen palabras claves o códigos entre miembros de la familia para alertar sobre peligros o estar bajo amenaza?	2.5	1	
5.) ¿Saben todos como atender una llamada de posible extorsión o amenaza telefónica?	2	1	
6.) ¿Acostumbran dentro del hogar informar de cuál será su rutina y/o planes del día - hora de regreso a casa?	2	1	
7.) ¿Existe un listado con nombres, teléfonos y direcciones de los amigos más cercanos / habituales?	2.5	1	
8.) ¿Se mantienen en contacto los miembros de la familia durante el día y en especial, a la hora de un cambio de plan (llegadas tardes)?	2.5	1	
9.) ¿Durante salidas y llegadas a casa, procuran todos estar atentos a cualquier persona, vehículo o moto sospechosa en la cercanía?	2.5	1	
10.) ¿Existe buena iluminación en la entrada de la residencia y portón de estacionamiento es de rápido abrir y cerrar?	2	1	
TOTAL	22	10	

Según cada pregunta de la matriz, escoja la respuesta, SI o NO, que más se identifique con usted. Sea rápido al seleccionar su opción y marque la primera que se le pasa por la mente. Mientras más honesto con usted mismo en cada respuesta, más acertada será el resultado. Interpretación numérica en la siguiente página

Matriz de Vulnerabilidad. Seguridad para el Hogar - Plan de Seguridad Familiar Respuestas "SI"

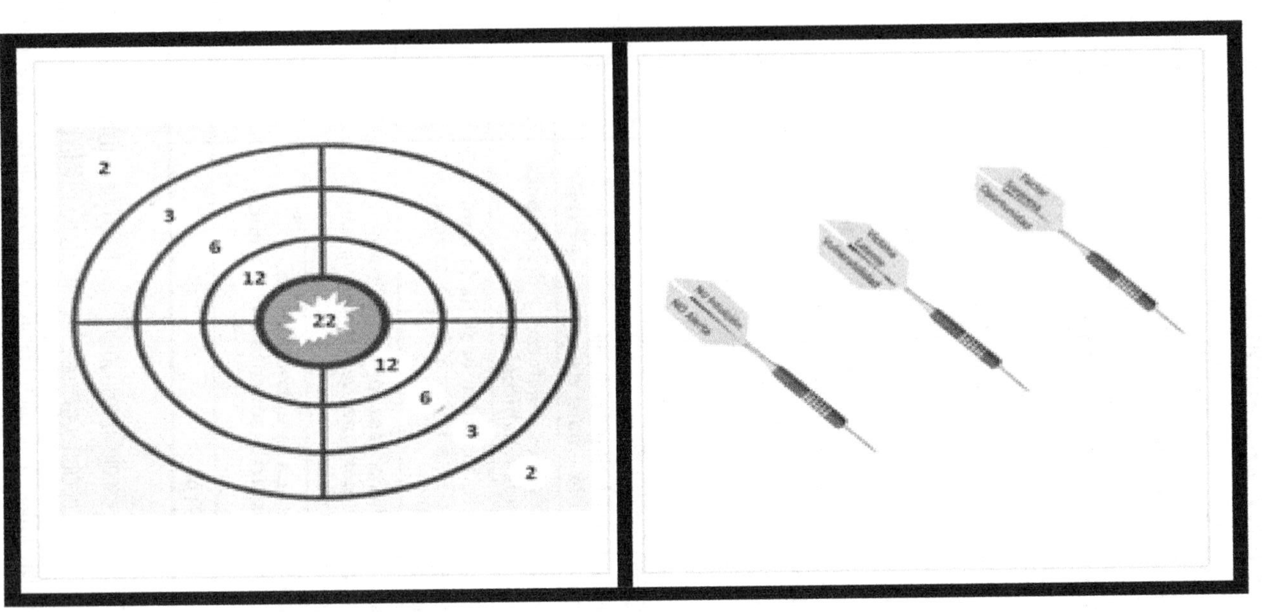

Valoración numérica en el Blanco:

A Mayor puntaje en el blanco, Menor vulnerabilidad = Menor probabilidad de ser víctima de la delincuencia.

Probabilidad Respuestas "Si"

Alta de ser víctima	Media de ser víctima	Baja de ser víctima
02 – 05	06 – 12	13 – 22

Matriz de Vulnerabilidad. Seguridad para el Hogar - Plan de Seguridad Familiar
Respuestas "No"

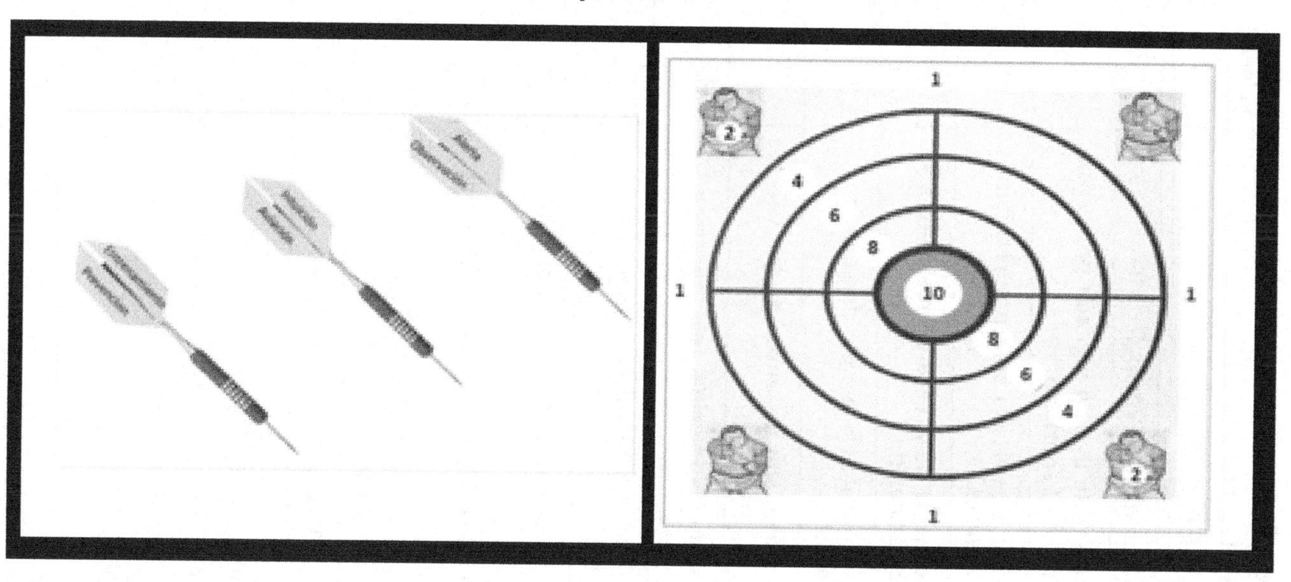

Valoración numérica en el Blanco:

A Mayor puntaje en el blanco, Mayor vulnerabilidad = Mayor probabilidad de ser víctima de la delincuencia.

Probabilidad Respuestas "No"

Alta de ser víctima	Media de ser víctima	Baja de ser víctima
10 – 08	07 – 04	03 – 01

Matriz para Determinar Nivel de Vulnerabilidad DELINCUENCIA COMÚN	Vulnerabilidad según puntaje	
Plan de Seguridad Vecinal	SI	NO	N/A

Plan de Seguridad Vecinal	SI	NO	N/A
1.¿Está su calle o punto(s) de acceso vigilada por algún Servicio de Guardias de Seguridad?	1	2	
2. ¿La calle es / puede ser transitada solo por residentes del vecindario y visitantes?	1	2	
3. ¿Existe un estricto control de acceso de residentes y visitantes a la zona residencial?	1	2	
4. ¿Hay solo un acceso vehicular a la calle de su residencia / vecindario?	1	2	
5. ¿Sabes y reconoces cuáles son los autos de tus vecinos más cercanos?	1	2.5	
6. ¿Existe un plan de seguridad vecinal (colaboración entre vecinos)?	1	2.5	
7. ¿Vecinos se ponen en alerta cuando hay alguna actividad sospechosa?	1	2.5	
8. ¿Existe un método de comunicación de emergencia entre los vecinos?	1	2	
9. ¿La calle y acceso a tu residencia cuentan con buena iluminación?	1	2	
10. ¿La policía responde con rapidez cuando se les informa de alguna emergencia?	1	2.5	
TOTAL	10	22	

Según cada pregunta de la matriz, escoja la respuesta, **SI** o **NO**, que más se identifique con usted. Sea rápido al seleccionar su opción y marque la primera que se le pasa por la mente. Mientras más honesto con usted mismo en cada respuesta, más acertado será el resultado. Interpretación numérica en la siguiente página.

Matriz de Vulnerabilidad. Plan de Seguridad Vecinal
Respuestas "SI"

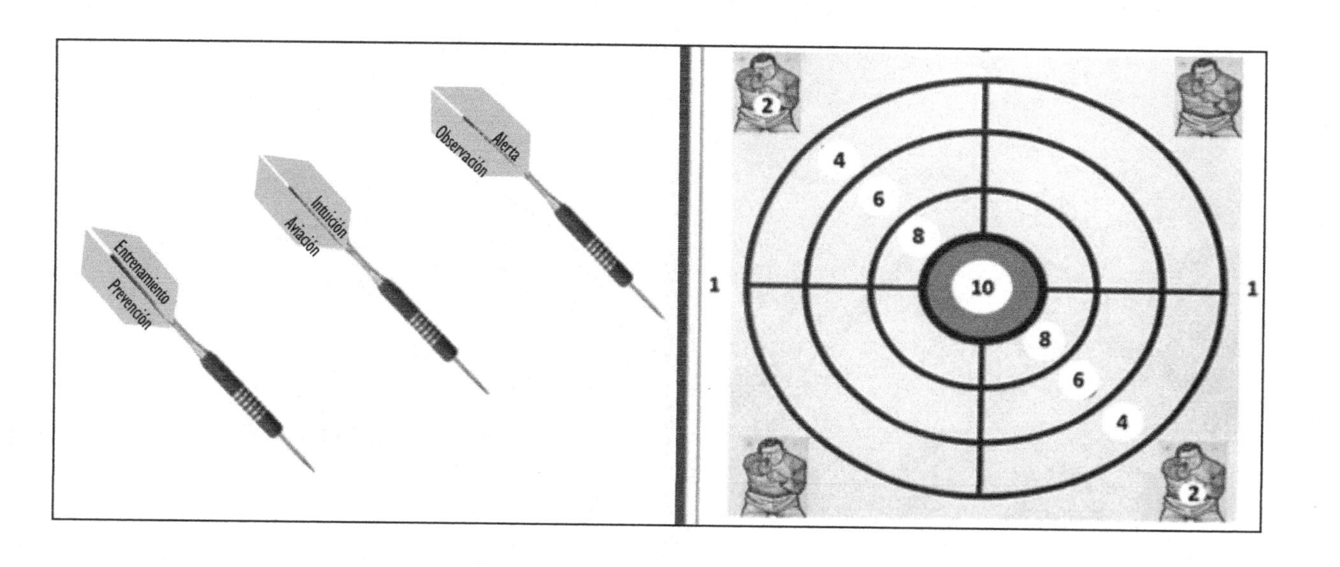

Valoración numérica en el Blanco:

A Mayor puntaje en el blanco, Menor vulnerabilidad = Menor probabilidad de ser víctima de la delincuencia.

Probabilidad Respuestas "Si"

Bajo de ser víctima	Media de ser víctima	Alto de ser víctima
10 – 08	07 – 04	03 – 01

Matriz de Vulnerabilidad. Plan de Seguridad Vecinal
Respuestas "NO"

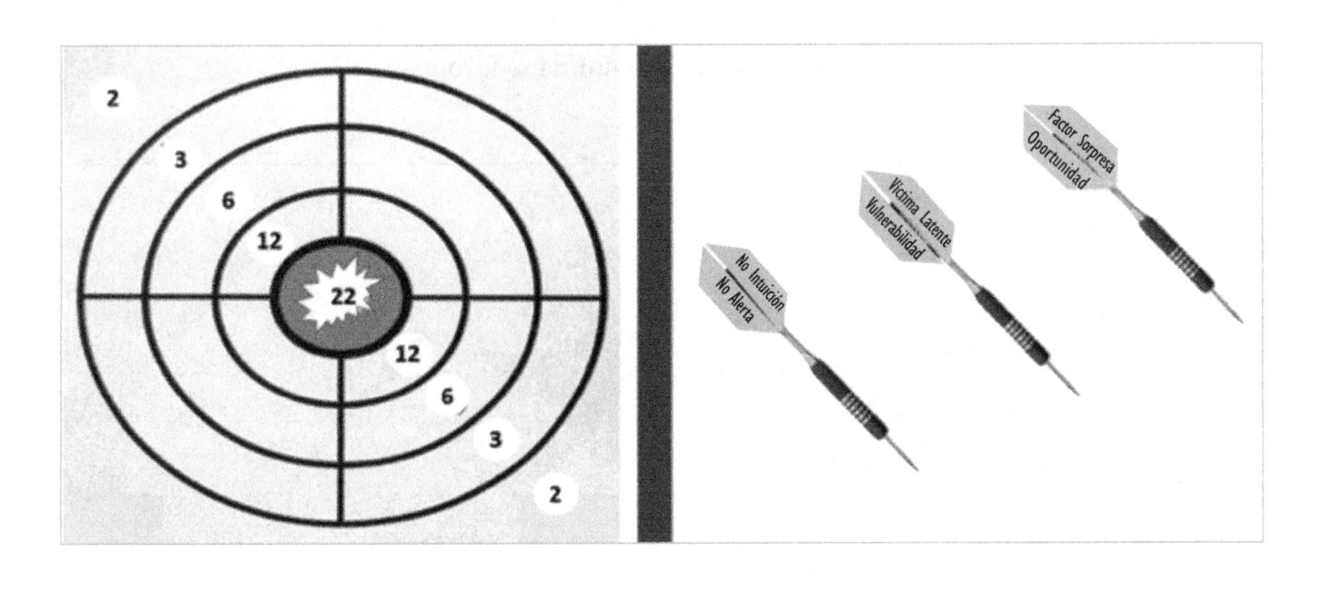

Valoración numérica en el Blanco:

A Mayor puntaje en el blanco, Mayor vulnerabilidad = Mayor probabilidad de ser víctima de la delincuencia.

Probabilidad Respuestas "No"

Baja de ser víctima	Media de ser víctima	Alta de ser víctima
02 – 05	06 – 12	13 – 22

ELEMENTOS CLAVES

Capítulo 13. INCULCA LA CULTURA DE SEGURIDADA A TU FAMILIA

- Para lograr establecer la cultura de seguridad familiar, se requiere de la colaboración de cada miembro e integrantes de la familia
- Debes aleccionar a toda la familia sobre los peligros a que se encuentran expuestos según sus rutinas diarias; actividades laborales, estudiantiles y sociales
- En tu esfuerzo de concientizar a toda la familia en la seguridad, no actúes como líder de la casa, asume más bien un rol de facilitador
- Tu trabajo es ayudarles a canalizar sus ideas, acciones y establecer su confianza en el poder de la intuición
- Considerando la necesidad e importancia de la conversación que deberá aterrizar en resultados, lo mejor es estructurar el planteamiento, la discusión y acuerdos a ser tomados como una familia unida, todos bajo el mismo objetivo.
- Desarrollo del plan de protección familiar:
    - Se debe tener establecido el nivel de vulnerabilidad de cada miembro de la familia.
    - Elabore en equipo una lista de todas las amenazas a las que están expuestos los miembros de la familia
    - En familia, hagan un análisis breve de cada amenaza, arriba expuestas, para así entender bajo qué condiciones o causas potenciales, podrían resultar en dicho incidente/ acto criminal
    - Los planes deben ser ensayados y escenificados en grupo

PÁGINA DE RESPUESTAS, REVISIÓN Y TEST SOBRE LECTURAS

PÁGINA DE RESPUESTAS – PRIMERA PARTE

Tema: 1. Brevemente sobre la delincuencia en América Latina

Revisión y Test Práctico (viene de la página 26)

1. Falso	2. Falso	3. Verdadero	4. Falso
5. Verdadero	6. Falso	7. Falso	

Tema: 2. El poder de tu intuición

Revisión y Test Práctico (viene de la página 35)

1. Verdadero	2. Verdadero	3. Verdadero	4.Verdadero escuchas
5. Falso	6. Verdadero	7. Verdadero	

Tema: 3. Importancia del sentido de la observación en la prevención del crimen.

Revisión y Test Práctico (viene de la página 44)

1. b	2. Verdadero	3. Verdadero	4. Verdadero
5. Falso	6. a y b	7. Falso	

Tema: 4. Entusiasmo a delinquir y vulnerabilidad de las víctimas

Revisión y Test Práctico (viene de la página 50)

1. b y c	2. Falso	3. Verdadero	4. Verdadero
5. Verdadero	6. d		

PÁGINA DE RESPUESTAS – SEGUNDA PARTE

Tema: 5. La vulnerabilidad en víctimas potenciales – víctimas voluntarias

Revisión y Test Práctico ***(viene de la página 67)***

1. b	2. d	3. Verdadero	4. Verdadero
5. Verdadero	6. c	7. Falso	

Tema: 6. Importancia del lenguaje corporal en la prevención del crimen

Revisión y Test Práctico ***(viene de la página 77)***

1. d	2. Falso	3. Verdadero	4. Falso
5. Verdadero	6. d	7. Verdadero	

Tema: 7. Importancia del factor distancia en la prevención del crimen

Revisión y Test Práctico ***(viene de la página 84)***

1. b	2. Verdadero	3. Falso	4. Verdadero
5. C	6. Verdadero		

Tema: 8. Las víctimas y sus malos hábitos

Revisión y Test Práctico ***(viene de la página 90)***

1. d	2. Verdadero	3. Verdadero	4. Verdadero
5. C	6. Verdadero		

Tema: 9. La mente subconsciente y mente consciente en materia de seguridad preventiva

Revisión y Test Práctico (viene de la página 95)

1. Verdadero 2. Verdadero 3. Verdadero 4. Verdadero

5. Verdadero 6. Falso

Tema: 10. El cuerpo humano ante situaciones de peligro y amenazas

Revisión y Test Práctico (viene de la página 106)

1. Falso 2. Verdadero 3. Verdadero 4. Verdadero

5. Verdadero 6. Verdadero

Mis Fortalezas ante la Delincuencia
✓ Mi lenguaje corporal refleja mi actitud de seguridad
✓ Soy observador de lo que me rodea
✓ Evito ser vulnerable en la calle
✓ Estar alerta es parte de mi rutina diaria
✓ Presto atención inmediata a mi intuición
✓ Puedo reconocer a distancia al delincuente
✓ Se como evadir y reaccionar ante la presencia de un delincuente

CONCLUSIÓN

Este libro, con las técnicas y estrategias planteadas, te ayudarán no solo a minimizar las oportunidades de ser víctima de la delincuencia, sino también a cambiar ciertas posturas y actitudes que te muestran débil o un tanto inseguro ante los ojos de los demás.

Ahora que ya conoces como opera tu enemigo de la calle, no hay razón para fallar en la prevención.

Todos vivimos en un mundo de temores y zozobras múltiples, y no necesariamente toda esa negatividad está relacionada a la problemática de la delincuencia. Generalmente la actitud o mala actitud se le achaca al día con su rutina. Si tú dices que estás teniendo un mal día y lo refuerzas con comentarios negativos como "lo que falta es que me roben en la calle o que se me extravíe algo", lo más seguro es que te suceda. Como ya lo mencionáramos en "Evita ser una víctima más", Capítulo 3, tu lenguaje corporal influye en tu mente, ésta en tu actitud, la que influirá en los resultados; finalmente será la actitud, la que de forma consciente o inconsciente te haga el día.

El mejor médico eres tú mismo; tú sabes que debes usar lentes cuando ves borroso; tú sabes que alguna comida te cayó pesada porque tienes un malestar estomacal; bien sabes cuándo estás cansado porque tienes sueño; asumes que podrías tener un virus porque te sientes quebrantado; pues bien, tu cuerpo también sabe y te alerta de situaciones de peligro, es solo cuestión de entrar en sintonía con tu instinto de defensa y prestarle la debida atención.

El estrés que te pueda producir la problemática de la delincuencia o al detectar una situación de amenaza, es como el reflejo de cualquier malestar de salud que el cuerpo te refleja; tú, definitivamente puedes tomar acciones y ejercer control sobre ello.

Made in the USA
Monee, IL
19 January 2020

20499724R20085